HYGIÈNE MORALE

PAR

LE Dr Paul JOLLY

Membre de l'Académie de Médecine.

L'HOMME, LA VIE, L'INSTINCT, LA CURIOSITÉ
L'IMITATION, L'HABITUDE, LA MÉMOIRE
L'IMAGINATION, LA VOLONTÉ

PARIS
LIBRAIRIE J.-B. BAILLIÈRE ET FILS
19, RUE HAUTEFEUILLE, 19

—

1877

PRIX, FRANCO PAR LA POSTE : 2 FR.

HYGIÈNE MORALE

DU MÊME AUTEUR :

Le Tabac et l'Absinthe, leur influence sur la santé publique, sur l'ordre moral et social. 1875, 1 vol. in-18 jésus de 216 pages. 2 fr.

HYGIÈNE
MORALE

PAR

LE Dr PAUL JOLLY

Membre de l'Académie de Médecine.

L'HOMME, LA VIE, L'INSTINCT, LA CURIOSITÉ

L'IMITATION, L'HABITUDE, LA MÉMOIRE

L'IMAGINATION, LA VOLONTÉ

PARIS

LIBRAIRIE J.-B. BAILLIÈRE ET FILS

19, RUE HAUTEFEUILLE, 19

—

1877

Tous droits réservés.

A LA MÉMOIRE DE MON FILS

Jules JOLLY

Vice-Président du Tribunal civil de la Seine,
Lauréat de l'Académie française, etc.

Tu n'es plus là, mon bien cher fils, pour donner des encouragements à mes travaux, pour les éclairer de tes sages et précieux conseils; ami! tu n'es plus là pour consoler mes derniers jours!

Mais il m'est doux de penser que du sein de l'éternité où tu as su porter tant de vertus, tu veilles encore sur le sort de tes plus chères affections de ce monde, sur le sort de ta noble et sainte veuve, de ton bien-aimé fils, de tes jeunes orphelines et de ton vieux père.

P. JOLLY.

PRÉFACE DE L'AUTEUR

> Il n'y a personne au monde qui n'ait besoin d'une forte teinture de philosophie. Elle convient à tout le monde ; la pratique en est utile à tous les âges, à tous les sexes, à toutes les conditions ; elle nous console du bonheur d'autrui, des indignes préférences, des mauvais succès, du déclin de nos forces ou de notre âge ; elle nous arme contre la pauvreté, la vieillesse, la maladie et la mort.   (LA BRUYÈRE.)

Arrivé à un âge où l'on ne vit plus guère que de souvenirs, où j'ai pu voir s'écouler plus de 60 années de vie active dans l'étude pratique de la médecine, j'ai eu le temps de passer en revue toutes les infirmités humaines, de m'arrêter devant toutes les questions qui se déroulent chaque jour et à chaque instant sous les yeux et dans l'esprit du praticien ; et, s'il m'est permis de le dire, il n'en est aucune qui n'ait pas été l'objet de mes veilles, aucune qui n'ait pas donné lieu à des résultats d'observation que j'ai pris soin de consigner dans les divers recueils scientifiques auxquels je devais ma part de collaboration.

Mais ma tâche ne devait pas se borner là. La médecine n'est pas toute entière dans l'étude clinique des lésions matérielles de l'organisme, ni de leurs manifestations symptomatiques. Elle n'est pas seulement l'histoire naturelle de l'homme malade, elle a aussi ses principes dogmatiques, sa logique, sa morale, sa deontologie, et pour tout dire, elle a aussi sa philosophie pleine d'enseignement, que le praticien ne saurait méconnaître, sans abdiquer sa mission ; où il peut trouver le plus de lumière dans l'étude abstraite des lois de la vie, de la santé et de la maladie; où le médecin aliéniste pourra le mieux s'éclairer sur les déviations de l'intelligence et sur leur traitement; où l'homme d'État saura s'édifier dans les hautes questions de médeciné politique ou internationale, l'économiste dans l'opportunité de mesures d'administration sanitaire, le magistrat dans l'interprétation des faits judiciaires, dans tous les calculs et toutes les combinaisons du crime.

∗
∗ ∗

Je sais pourtant le peu de faveur que l'on donne aujourd'hui à toute œuvre philosophique, et mes excellents éditeurs le savent encore mieux que moi; mais que mes lecteurs, si je dois en espérer, ne s'en inquiètent pas; ma philosophie n'est point une conception spéculative, ni une métaphysique transcendante; elle n'est point une philosophie que ne puissent atteindre des intelligences vulgaires. Elle n'en a ni le goût, ni la prétention, ni les moyens.

Elle n'est pas non plus une philosophie d'amphithéâtre, ni une philosophie d'expérimentation physiologique. La science de la vie n'est pas dans le livre de la mort, et l'on ne peut étudier l'homme, à aucun point de vue pratique, sur les animaux. N'en déplaise donc à ses plus fervents adeptes, l'école de vivisection n'a rien à attendre de ses impitoyables sacrifices; elle aura beau multiplier ses holocaustes, dépecer toutes vivantes ses nombreuses victimes, pénétrer, à l'aide du scalpel, de la loupe et du microscope, dans l'intimité de leurs entrailles palpitantes, elle n'y trouvera pas le secret de la vie ; je dis plus, elle n'en fera jamais sortir un fait scientifique qui ne soit déjà connu, consacré par la notoriété historique, ou qui ne puisse être acquis bien plus sûrement par la simple observation clinique éclairée du contrôle de l'anatomie pathologique ; et s'il faut redire ici toute ma pensée sur ces tristes immolations, où je saurais faire taire toute sensibilité humaine devant l'intérêt réel de la science, je ne puis encore y voir qu'une carrière de vanité scientifique, sans résultat pratique, en même temps qu'une école normale de cruauté ; et ce n'est pas en invoquant l'exemple des animaux martyrs, ni en lui opposant tous les actes de brutalité que l'homme leur fait subir, avant de les sacrifier à ses besoins et à ses caprices, que l'on pourrait justifier toutes les tortures de la vivisection. En logique comme en morale, on n'excipe pas de l'exemple du mal à la défense du mal.

*
* *

Ma philosophie n'est pas non plus, je dois le dire, une philosophie de laboratoire, et que pourrait-elle en espérer ? Si la chimie a su répandre d'incontestables lumières sur la science de l'homme ; si, par d'heureuses combinaisons, elle a pu faire sortir de ses creusets bon nombre de produits nouveaux, même des corps organiques, elle n'a pu encore donner la vie à aucun d'eux ; elle n'a pu encore faire de toutes pièces un spore de cryptogame, un microzoaire, un vibrion, une cellule vivante, un seul cheveu.

Si, de son côté, la physique nous permet d'admirer le merveilleux spectacle de l'univers, dans les lois qui le gouvernent ; si l'astronomie sait nous rendre compte du mouvement des astres, des puissances qui les maintiennent dans leurs milieux respectifs, elle ne saurait y voir la cause sur-humaine, le moteur même qui les met en jeu, et qui préside si merveilleusement à l'ordre de leurs mouvements.

Si l'électricité a pu imprimer le mouvement à des corps inertes, si elle a pu constater l'aptitude de la fibre musculaire à subir des effets de contraction dans le passage de la vie à la mort ; si même elle a pu doter la thérapeutique d'un puissant agent de traitement, elle n'a pu prétendre se substituer à la force vitale dans son triple rôle physiologique, pathologique et thérapeutique ; elle n'a pu faire d'un organisme anatomique un être sentant, pensant et voulant ; et l'on a peine à comprendre que les questions de vitalisme et d'organicisme reviennent périodiquement dans nos discussions académiques, pour en sortir toujours sans solution, comme n'étant pas même du ressort de la science humaine.

Moins ambitieuse qu'aucune autre, ma philosophie n'aspire qu'à un seul but, à un but pratique ; elle n'a en vue que des faits bien déterminés, accomplis dans l'œuvre même de la création ; ce qui fait qu'elle ne connaît que des vérités toutes faites, des vérités qu'il suffit d'énoncer pour les faire comprendre.

C'est d'abord, comme placée au premier chef dans les attributs de la création, cette puissance d'action qui, sous le nom de *force vitale*, anime la matière organique dans tous les êtres vivants, celle qui, dans la condition humaine, tient sous sa dépendance le sentiment, le mouvement, celle qui préside également à l'harmonie de la santé, à la marche des maladies, aux effets des traitements, celle qui sait approprier à la substance organique tout ce qui lui est assimilable, pour en éliminer tout ce qui pourrait lui être nuisible ou incompatible avec ses besoins actuels; puissance qui mérite à si juste titre toute la vigilance du médecin.

C'est l'*instinct*, qui apparaît avec la force vitale, comme l'expression vivante des besoins de l'organisme, avec ses manifestations si merveilleusement éclairées dans l'état de santé et de maladie, avec ses appétits, ses aversions qui peuvent encore être pour le médecin de précieux guides, de salutaires avertissements qu'il ne saurait dédaigner au double point de vue hygiénique et thérapeutique.

C'est la *curiosité*, ce premier attribut de l'homme social, qui révèle en lui les premiers rayons d'intelligence, qui lui ouvre la porte des sens pour mieux l'éclairer dans toutes les conditions de sa vie, mais où il trouvera, avec des déceptions, des occasions d'émotion et des effets d'agitation qui ne sauraient être indifférents à la santé ni à l'attention du médecin.

C'est l'*imitation*, qui se manifeste bientôt pour vivre à côté de l'instinct, en véritable satellite, comme pour épier tous ses actes, tous ses mouvements, les saisir, les reproduire fidèlement jusqu'à se les approprier, pour les imprimer à la famille, à la société, à toute une nation ; pour y laisser même des empreintes physiques et morales, des types de physionomie locale, des dispositions spéciales de mœurs, en même temps que des modalités pathologiques dont le médecin doit également tenir compte dans sa pratique.

C'est encore l'*habitude*, cette perfide servante de l'imitation, aussi bien que de l'instinct dont elle devient inséparable, qui, pour se mettre plus fidèlement au service de l'un et de l'autre, s'implante pour ainsi dire dans l'organisme, comme pour y acquérir un droit de cité, avec toute la force d'une seconde, si ce n'est d'une première nature, au point d'y exercer contre la raison, contre la santé même, tout l'empire d'une puissance tyrannique, et comme étant bien digne aussi de toutes les méditations de la médecine.

Plus tard, c'est la *mémoire*, qui vient à son tour prendre la première et la plus large place dans l'évolution de l'intelligence humaine, comme un registre qui s'ouvre alors à toutes les impressions de la vie, pour s'offrir également aux souvenirs du passé, à l'intérêt du présent, aux conseils et aux avertissements de l'avenir. Faculté qui sait ainsi relier les temps et les âges avec les traditions historiques, consacrer le mouvement de l'esprit, le progrès de la science, les droits de succession et d'héritage de famille; qui sait nourrir les sentiments d'amour et de haine comme toutes les gratitudes du cœur, mais qui, après avoir donné le premier signal de la vie mentale, fléchit la première, comme premier indice de défaillance humaine, nonobstant toutes ses infidélités de caractère, toute sa fragilité de nature, et comme fait physiologique et psychologique bien digne aussi de toutes les méditations du médecin et du philosophe.

Et voici venir presque en même temps l'*imagination*, cette fille affranchie de la mémoire qu'elle sait embellir de ses images, de ses couleurs, de tout le prestige de l'éloquence et de la poésie; cette *folle du logis* qui poursuit des chimères et des fantômes comme des réalités ; cette *fée enchanteresse* qui sait créer toutes les merveilles comme toutes les misères de ce monde ; qui sait faire des spirites, des somnambules, des illuminés et même des thaumaturges, tout aussi bien que des orateurs, des poètes et des artistes, et qui ne saurait être méconnue du praticien.

Et enfin, comme couronnement de la vie intellectuelle, comme *criterium* de la condition humaine, c'est la *volonté*, ou la puissance morale par excellence, celle qui résume par elle seule l'humanité toute entière, en élevant l'homme au-dessus de tous les êtres vivants, au-dessus de lui-même ; en lui attribuant un droit de souveraineté sur tout ce qui vit et respire sur cette terre, en l'initiant à l'expectative d'une vie posthume, en l'élevant à la pensée de l'éternité.

⁂

Voilà bien, ce me semble, autant de sujets d'étude qui ont pu mériter tous les dédains de la philosophie empirique ou contemporaine, de la philosophie dite positive, mais qui ne pouvaient rester indifférents à l'hygiène et à la médecine, à la science de l'homme en santé ou en maladie, non plus qu'aux méditations de la morale et de la philosophie.

Mais aborder un tel programme d'études au déclin, si ce n'est au terme de la vie, c'est venir bien tard, je le sens, et peut-être bien imprudemment, répondre au précepte d'une école célèbre, qui voulait que l'étude de la médecine commençât par celle du cœur humain ; mais je le demande à Stahl lui-même et à tous ses disciples, connaît-on moins bien le cœur humain, au terme d'une longue carrière de pratique médicale qu'à son début? et les leçons de l'expérience, d'une expérience acquise dans la méditation de l'homme et de ses souffrances, dans le contact intime de la famille et de la société, dans toute une vie d'observation morale, de contention d'esprit, de sollicitude et de veille, jointe à toutes les amertumes de la profession, toutes ces leçons vivantes ne sont-elles pas aussi une école de philosophie pleine d'enseignement, et bien capable d'éclairer le médecin sur la gravité de sa mission ?

Ma philosophie, d'ailleurs, n'est pas d'hier, comme on peut le savoir : Il y a quelque 50 ans que je préludais dans un ouvrage bien connu à l'œuvre que j'accomplis aujourd'hui, et un demi-siècle n'a pu ni affaiblir, ni modifier les principes qui s'y trouvent exposés [1]. Que s'ils devaient souffrir une interprétation différente de mes convictions actuelles, je le regretterais sans doute, mais je dois pourtant dire que j'en prendrais peu de souci pour le sort de la morale chrétienne.

J'ai plus de foi dans la stabilité des principes du catholicisme, et, pour en dire ici toute ma pensée, après l'épreuve du temps et le résultat de toutes mes réflexions, je ne sais encore aucune philosophie

---

1. Art. *Psychologie* de l'Encyclopédie méthodique.

qui puisse se flatter d'avoir porté la moindre atteinte à ses fondements ; je ne sais encore aucune science humaine qui puisse se prévaloir d'un seul fait capable d'infirmer une seule de ses vérités, et je n'ai encore vu aucune des révolutions périodiques dont j'ai pu être témoin, depuis près d'un siècle, qui ait pu mettre en péril sa morale.

***

J'aurais pu facilement donner plus de développement à mes études d'*hygiène morale,* avec les nombreux matériaux que je possède sur chaque sujet ; mais j'ai préféré n'en prendre que la substance et laisser dormir le reste dans mes cartons, en attendant l'heure de l'*auto-da-fé* que je leur ai réservé.

Nous ne sommes plus au temps des études de longue haleine, et les lecteurs patients sont devenus plus rares encore que les bénédictins ; on ne lit plus qu'en courant et en fumant, et c'est à ce prix, sans autres frais, que l'on voudrait trouver la lumière toute faite. J'ai dû, sous un tel régime, tenir compte de nos mœurs littéraires, demeurer, plus que jamais, fidèle à la règle que je me suis toujours imposée, savoir : la *brièveté*, la *concision*.

Pour plus d'édification, comme pour ne point embarrasser le texte de notes capables de détourner l'attention du lecteur, j'ai cru devoir, au besoin, mettre à sa disposition, sous le titre d'*index bibliographique*, un supplément où il trouvera l'énoncé des principaux travaux que j'ai publiés dans les courts instants de loisir que m'a laissés une longue pratique.

Je n'ai donc plus qu'à donner à mon petit livre, comme à un enfant égaré, les conseils paternels qu'Horace donnait au sien, et je lui dirai aussi :

> . . . . fuge quò discedere gestis,
> Non erit enisso reditus tibi. . . . .

va, cher enfant, où ton imprudence te conduit, *va vivre où tu peux, mourir où tu dois*, mais une fois sorti de mes mains, ne compte plus sur moi pour te défendre contre les écueils de ton émancipation;

tu n'échapperas pas aux coups de la critique et ils pourront te venir de bien des côtés ; mais ne t'en inquiète pas ; aujourd'hui, comme au temps du célèbre poëte, la critique, même la plus acerbe, est encore le sort le plus heureux d'un livre. Peut-être trouveras-tu des censeurs assez peu charitables pour donner à ton expression un sens tout contraire à ta pensée; tu les plaindras et tu ne leur répondras pas.

Que si, pour des opinions personnelles, fruit de méditations solitaires dont la religion et la morale n'ont, j'espère, rien à craindre, on tenait à savoir quelle est ton origine et d'où viennent tes inspirations philosophiques, tu dirais sans détour que tu es aussi l'œuvre d'un affranchi, d'un affranchi de tout esprit de parti, de toute école pédagogique, et plus encore de toute philosophie malsaine ou mensongère, n'ayant point à jurer sur la parole des maîtres qu'il a très-peu connus.

Que si, pour tout prévoir, et en raison d'un air de vétusté que tu ne saurais prétendre dissimuler, on te demandait l'âge de ton auteur, tu pourrais encore l'avouer, sans plus de mystère ni de honte, dire que depuis trois mois (le 8 juin) il compte 86 anniversaires de saint Médard; ce qui n'excusera pas sa témérité d'auteur, mais ce qui pourra peut-être lui mériter quelque peu d'indulgence de la part de ses lecteurs.

P. JOLLY.

Paris, 8 septembre 1876.

8 juin 1790.

HYGIÈNE MORALE

CHAPITRE PREMIER

L'HOMME, SA NATURE, SA DESTINÉE.

> « Il est plus aisé de connaître l'homme en général que de connaître un homme en particulier. »
> (LA ROCHEFOUCAULD.)

L'homme ne s'improvise pas d'emblée tout en naissant, comme les animaux. Il n'apparaît qu'à l'état d'ébauche sur cette terre où il doit attendre, pour se compléter, les délais que lui assignent sa nature et sa destinée; ce qui fait que, pour le connaître, il faut l'étudier dans les diverses périodes de sa vie, le prendre *ab ovo*, le suivre jusqu'à la tombe.

Et d'abord, il ne naît pas dans des conditions

d'organisation qui puissent lui permettre de subir impunément les premières impressions d'un milieu où il ne trouve que des contrastes, où il ne salue le jour pour la première fois que par des cris de douleur. Il n'y apporte pas, comme les animaux, des attributs physiques qui tiennent lieu de vêtement, ni des instincts qui puissent l'éclairer sur ses premiers besoins; il ne saurait y trouver un abri contre les injures extérieures, ni même le sein qui doit le nourrir, et il y périrait indubitablement sans les secours providentiels de la famille et de la société qui sont là pour le recueillir et le protéger.

C'est sous cette double égide que s'atténuent chaque jour les premières impressions tactiles de l'enfant; qu'il apprend d'abord à voir, à distinguer, à rechercher les personnes, les images, tous les objets qui s'offrent à ses regards, à les contempler avec une *curiosité* qui aspire à connaitre; que bientôt l'exemple voit naître en lui la faculté d'*imitation*, en même temps que ses premières lueurs d'intelligence; que l'*habitude*, toute greffée comme l'imitation sur ses premiers instincts, sait avec elle et dans un commun exercice, le faire entrer chaque jour plus intimement dans le cœur de la famille; que la *mémoire*, cet heureux privilége de l'adolescence vient à son tour, comme faculté plus éclairée, plus élevée, recueillir toutes les impressions du moment, et les mettre en réserve pour les retrouver au besoin dans tout le cours de la vie; que l'*imagination*, ce luxe, cet ornement de la pensée humaine, vient aussi lui donner un corps, l'embellir de tous ses prestiges; et qu'arrive enfin la *volonté*, avec le terme de l'évolution physique, comme complément de l'homme moral, comme caractéristique de l'humanité, à l'heure même de la lutte des instincts et des passions, pour les combattre, les dominer de toute la puissance de sa virtualité.

I. — *Nature de l'homme.*

L'homme n'attend pourtant pas l'âge de maturité pour exercer sur cette terre le droit de souveraineté qu'il tient de la création. Comme roi légitime, il y prend, dès le début de sa vie, avant même de le savoir, un rôle de suprématie absolue sur tous les animaux; et, dans l'infériorité de ses forces physiques, il sait leur imposer par sa nature même l'autorité d'une puissance morale que nul n'a su encore lui disputer. Loin de là, tous le respectent, à la distance qui les sépare, et tous lui font, pour ainsi dire, hommage de leur liberté et de leur soumission; tous le craignent et même le fuient comme un maître qui a pu abuser de leur faiblesse; mais tous le recherchent comme une providence dont tous sentent le besoin.

*
* *

Comme être cosmopolite, l'homme subit nécessairement toutes les influences des milieux qu'il habite. Il s'y moule, pour ainsi dire, physiquement et moralement, pour y prendre des empreintes de physionomie, des nuances de couleur, des caractères spéciaux, qui ont pu en faire autant de races distinctes.

Comme être social, ses instincts, ses mœurs, ses habitudes, ses goûts, ses besoins, sa santé, ses maladies diffèrent également, suivant les climats qu'il habite; bien différent en cela des animaux, qui demeurent presque invariablement soumis à la stabilité de leurs mœurs, à la domination de leurs instincts primitifs.

Mais, ce que l'on ne saurait méconnaître, c'est que partout, dans toutes les régions du monde, dans toutes les latitudes du globe, l'homme exerce la même souveraineté sur tous les animaux; partout, jusque dans l'état sauvage, sa nature se révèle d'elle-même; il ne tient que d'elle seule ses aptitudes intellectuelles, et, loin de toute source d'étude, de tout commerce social, elles lui ont suffi pour apprendre à mesurer le temps et les espaces, à calculer les distances, à préciser les dates, à prévoir les saisons, à juger de l'opportunité des ensemencements, de la maturité des moissons, à concevoir, à inventer, à mettre en usage tous les instruments nécessaires à ses travaux, et elles lui ont suffi aussi pour comprendre les besoins de culture, les moyens de fertilisation de la terre, avant d'en attendre et d'en supputer les produits.

Comme être moral, l'homme ne tient encore que de lui-même et de sa nature, ses intuitions religieuses, et vous le trouverez partout, même dans l'état sauvage, loin de tout exemple d'aucun culte, dans la contemplation de Dieu et des œuvres de la création, prosterné devant la majesté des cieux ou le spectacle des mers, dans l'expectative d'une vie posthume, dans la méditation de sa fin morale.

Vous ne demanderez rien de tout cela aux animaux, même aux plus civilisés, même à ceux qui vivent en contact habituel avec l'homme ; ils n'ont su encore faire un seul pas ni dans la vie intellectuelle, ni dans la vie morale; leur existence est restée toute matérielle, tout individuelle, tout animale, même après des siècles d'éducation et d'intimité de famille; leurs sensations demeurent encore purement passives et ne prennent d'activité que dans l'exercice de leurs instincts de conservation.

Vainement, vous feriez appel à leurs sympathies dans vos épreuves morales, ils ne sauraient vous comprendre, puisqu'ils n'ont pas l'instinct des sentiments moraux ; vainement aussi vous leur demanderiez un seul mot dans vos entretiens intimes, ils ne sauraient vous répondre, puisqu'ils ne parlent pas; et pourquoi ne parlent-ils pas? La raison en est toute simple, c'est qu'ils ne sentent pas, c'est qu'ils ne pensent pas, c'est qu'ils ne comprennent pas ; et comment auraient-ils l'instinct de la prière, ou de la contemplation, puisqu'ils n'ont ni l'instinct d'un créateur, ni le sentiment d'une vie posthume, ni même la conscience de leur propre existence.

* * *

La ligne de démarcation est-elle donc suffisamment établie entre l'homme et les animaux, et faut-il, pour compléter le parallèle, un dernier fait de comparaison? Transportez l'homme de la nature, l'homme sauvage, de sa condition brute dans un milieu social, où il sera en contact immédiat avec des hommes bien élevés, où il pourra trouver des moyens d'instruction, toutes les ressources d'étude, non-seulement vous en ferez facilement un homme social et de mœurs polies, mais il pourra devenir un érudit, un historien, un savant, un philosophe, peut-être même un libre penseur. N'attendez rien de semblable d'aucun animal, même du plus savant de tous, du prétendu homme-animal, de l'orang-outang, dont on n'a su encore faire un homme de bonne compagnie, après des milliers de siècles de civilisation.

Plus confiants que nous ne saurions l'être nous-même dans la destinée future des animaux, d'autres ont pu dire qu'il faut attendre encore des siècles pour voir s'opérer les transformations animales. Si le moyen est quelque peu douteux, le conseil est du moins prudent, et, pour le suivre, nous attendrons. Mais, pour attendre un si long terme, il fallait donner aux animaux un tuteur provisoire, un maître qui puisse les diriger, les gouverner, les prémunir contre les dangers d'une vie nomade; il fallait comprendre leurs instincts, leurs aptitudes, pour les utiliser au service de l'homme, aux besoins de leur propre existence; c'est l'homme lui-même que la création leur a donné pour veiller à leur sort : sans l'homme, en effet, on se demande ce que seraient devenus les animaux livrés à eux seuls, et comment ils auraient su mettre à profit tous les produits de la terre pour les faire servir même à leur nourriture. Mais le génie de la création avait tout prévu, en faisant sortir du néant tous les êtres vivants, et partout où il y avait des animaux, il s'est trouvé des hommes pour subvenir à l'insuffisance de leurs instincts, et pour continuer avec eux l'œuvre de première création; et c'est ainsi que la terre s'est couverte d'hommes et d'animaux par voie de création, d'abord, puis par voie de procréation, comme deux ordres de faits distincts quoique connexes, et attestant également la puissance et la prévoyance divines.

Nul ne saurait affirmer qu'il n'existe pas encore sur quelques points de notre planète, restés inaccessibles au navigateur, des populations insulaires où les mêmes faits ont pu également s'accomplir, sans que nous soyons mieux édifiés sur le mystère de la création.

Et voyez, du moins, ce qui se passe même sous nos yeux, dans ces forêts vierges où tout accès a pu paraître impossible, et qui néanmoins se sont peuplées en peu d'années de toutes sortes d'animaux.

Et voyez encore ces canaux récemment ouverts le long de nos chemins de fer, pour des emprunts de terre devenus nécessaires, qui, une fois remplis d'eau, se sont peuplés, à l'insu de l'homme, de milliers d'animaux aquatiques.

II. — *Ce qu'il faut penser des générations spontanées.*

Qui donc a su opérer tant de créations de toutes parts, jusque dans l'abime des mers, jusque dans les entrailles de la terre? Est-ce le hasard? est-ce la matière, d'elle-même et par elle seule? est-ce la main de l'homme? Si les documents suivants ne répondent pas à de telles questions, s'ils ne nous donnent pas le secret de la création, nous y voyons du moins avec quelle prévoyance le génie du Créateur sait procéder dans l'accomplissement de ses œuvres.

III. — *Statistique de la population humaine.*

D'après un rapport récemment publié par le bureau des statistiques de Washington, le chiffre total de la population du globe est de 1,391,032,000.

L'Asie, qui est la partie du monde la plus peuplée, en a 798 millions, tandis que l'Europe n'en renferme que 300 millions et demi, l'Afrique 203 millions, l'Amérique 84 millions et demi, et l'Australie et la Polynésie 4 millions et demi.

En Europe, les populations se répartissent comme suit :

Russie	71	millions.
Empire d'Allemagne	41	—
France	36	—
Austro-Hongrie	36	—
Grande-Bretagne et Irlande	32	—
Italie, près de	27	—
Espagne	16	— 1/2
Turquie, près de	16	—

Aucun autre État ne dépasse 5 millions.

En Asie, la Chine, qui est de beaucoup la contrée la plus peuplée du globe, possède 425 millions d'habitants ; l'Indoustan, 240, et le Japon, 33 millions ; les îles de l'Inde (est), 30 millions 1/2 ; Burma, Siam et le reste de l'Inde, près de 26 millions.

La population de l'Australie est de 1,574,500, celle des îles de Polynésie, 2,763,500, la Nouvelle-Guinée et la Nouvelle-Zélande y comprises.

En Afrique, les principales divisions sont : le Soudan (ouest) et les régions australes de l'Afrique, avec 89 millions ; la région du Soudan central, 39 millions ; le sud de l'Afrique, 20 millions 1/4 ; le pays de Galles et la région est du Nil Blanc, 15 millions ; Saurault, 8 millions ; l'Égypte, 8 millions 1/2, et le Maroc, 6 millions.

En Amérique, les deux tiers de la population sont formés par le nord de l'isthme. Les États-Unis comptent près de 39 millions ; le Mexique, plus de 9 millions, et les possessions britanniques, 4 millions.

La population totale du nord de l'Amérique est de près de 52 millions, celle du Sud, de 25 millions 1/2, sur lesquels le Brésil figure pour 10 millions.

Les Indes occidentales ont plus de 4 millions, et les États de l'Amérique du centre, un peu moins de 3 millions.

D'après ce tableau, Londres, avec ses 3 millions 254,260 habitants, est la ville la plus peuplée du monde ; Philadelphie, qui n'a que 674,022 habitants, est la dix-huitième ville comme population. Les dix-huit villes principales sont :

Londres	3,254,260
Sutiham (Chine)	2,000,000
Paris	1,851,791
Pékin	1,300,000
Tschantschfau-Fu	1,000,000
Hungstschfau-Fu Srangtau	1,000,000
Singnau-Fu	1,000,000
Canton	1,000,000
New-York	912,292
Trentnu	900,000
Vienne	834,284
Berlin	826,341
Hong-Kong	800,000
Tschingtu-Tu	800,000
Calcutta	794,645
Tokio (Yédo)	674,447
Philadelphie	674,022

Parmi les villes inférieures à Philadelphie, les plus peuplées sont :

Saint-Pétersbourg	667,063
Bombay	644,405
Moscou	611,790
Constantinople	600,000
Glascow	547,438
Liverpool	493,485
Rio-de-Janeiro	420,000

La famille anglo-saxonne est, comme on le sait, l'une des plus importantes parmi les nations civilisées ; elle compte 234,762,593 membres, et ses possessions couvrent un espace de 7,769,447 milles carrés, c'est-à-dire quarante fois l'étendue du territoire français.

En Europe, elle possède........	121,730 milles carrés.	
En Amérique —	3,186,034	—
En Afrique —	236,860	—
En Asie —	964,103	—
En Océanie —	2,060,722	—

La Grande-Bretagne et l'Irlande ont une population de 31,845,179 habitants, et en Europe, 176,213. Les colonies anglaises d'Amérique, 1,063,886; dans le sud de l'Amérique, 200,000; dans les Indes anglaises, 191,307,070 répartis entre 487,061 villages. Les Indes anglaises comptent 15 villes d'environ 100,000 habitants; en Australie, l'Angleterre a 2 millions de sujets; la population du Royaume-Uni, comme fait d'immigration, a doublé en 70 ans.

En Angleterre, où les exigences du travail sont des plus grandes, la population a presque triplé; en Écosse, elle a doublé, mais elle est stationnaire en Irlande. En 1800, l'Irlande comptait 5,216,331, et en 1850, 5,412,377 habitants. Le nombre des mariages, en Angleterre et dans le pays de Galles, a été de 190,112 en 1871; en 1861, il n'était que de 163,706. Sur 3,672,011 couples, on compte 276,516 séparations ; l'armée et la marine ne comprennent que 65,164 hommes mariés.

Ce qui mérite d'être noté dans la répartition de la population universelle, c'est le peu d'oscillation qu'elle souffre en dehors des émigrations et des immigrations dans les diverses régions habitées : ni les guerres, ni les épidémies, ni les révolutions politiques et sociales, ni les cataclysmes géologiques, qui ont pu anéantir de nombreuses contrées du globe, n'ont pu apporter au chiffre total, que de faibles modifications.

IV. — *Loi d'équilibre des populations.*

Ce qui n'est pas moins digne de toute l'attention des philosophes et des économistes, c'est de voir, d'après nos statistiques de chaque jour, la population locale comme la population universelle, s'équilibrer avec une régularité toute saisissante dans le chiffre des naissances et des décès ; c'est de voir aussi un chiffre toujours concordant pour les naissances et les décès dans les deux sexes ; de telle sorte que chaque jour, chaque heure, chaque minute voit naître et mourir, comme loi fatale, le même nombre d'individus des deux sexes et du même âge, avec cette seule différence qui témoigne encore de combinaisons et de prévisions divines, que la population masculine dépasse d'abord la population féminine de 1/17 jusque vers l'âge adulte, tandis que la population féminine dépasse à son tour, la population masculine de 1/34, lorsqu'elles sont arrivées ensemble à l'âge de décroissance ; comme si la puissance de création suivait avec la même prévoyance, avec la même sollicitude, son œuvre dans les destinées humaines, jusqu'au terme de la mission de chaque sexe.

* * *

Un autre fait qui mérite aussi d'être livré aux méditations de la science moderne, comme loi toute providentielle, c'est la dissemblance des physionomies humaines dans les similitudes d'organisation ; dissemblance qui ne permettrait pas de trouver dans des milliards de population, deux figures qui puissent être confondues même par des yeux peu attentifs. Imaginez ce que serait devenu le monde, dans une confusion d'individualités, où la famille et la société disparaîtraient, pour ainsi dire, dans le chaos, comme dans le néant.

Direz-vous que là aussi tout est l'œuvre spontanée de la matière ou de circonstances fortuites ? Ah! croyez-le bien, il y a, pour de tels faits et pour de telles combinaisons, quelque chose de plus élevé, de plus intelligent que la matière ; il y a quelque chose de plus prévoyant que le hasard, quelque chose de plus puissant que la main de l'homme : il y a une science sur-humaine devant laquelle l'homme n'a qu'à s'incliner.

Il n'est guère probable que jamais patience de savant puisse nous donner une statistique de tous les êtres vivants, animaux et végétaux, qui peuplent la terre et ses entrailles, la mer et ses abîmes ; mais il y a lieu de croire que la même puissance qui a su créer l'univers, n'a rien excepté dans ses plans pour l'unité de la loi, dans l'accomplissement de son œuvre.

V. — *Que faut-il induire, en pratique, de l'étude philosophique de l'homme?*

En étudiant comparativement l'homme et les animaux, nous avons pu facilement déterminer les caractères physiologiques qui leur assignent un rang bien distinct dans l'ordre de la création, et l'on ne saurait douter qu'ils ne diffèrent également dans leur santé et leurs maladies, qu'ils n'aient pas leur hygiène, leur pathologie, même leur thérapeutique spéciales.

L'homme, par sa nature, n'avait pas seulement à subir toutes les épreuves d'une organisation plus délicate, et qui le rend plus sensible, plus impressionnable à toutes les influences du dehors, il avait aussi à payer le tribut de sa condition sociale où tout devait conspirer contre lui. Et d'abord, il n'y vit pas comme les animaux; il n'a pas, comme eux, l'instinct pour seul guide de sa vie matérielle; il ne lui suffit pas des seuls aliments que lui offre la nature pour répondre à ses besoins; il faut qu'il interroge sa sensualité, qu'il prenne conseil de ses goûts trop souvent dépravés, avant celui des instincts naturels; il faut qu'il obéisse à des habitudes d'assaisonnement et de raffinement culinaires, trop souvent incompatibles avec les lois digestives ; il faut même qu'il cède aux pressantes sollicitations qui l'entourent pour des superfluités non moins contraires à une sage hygiène, et de là toute cette classe de maladies si fréquentes, dont les animaux sont exempts, toutes les formes de *dyspepsies*.

L'homme ne pouvait d'ailleurs échapper à d'autres écueils de sa condition sociale où il lui faut encore subir les effets de tous les genres d'ivresse physique et morale, de toutes les émotions politiques et sociales, de toutes les déceptions de calculs, d'espérances de fortune et d'honneur, de toutes les tribulations domestiques, comme autant de causes de troubles de santé, de perturbations mentales, dont les animaux sont encore nécessairement affranchis.

On ne saurait donc, à aucun titre, opposer l'un à l'autre l'homme et l'animal, ni dans leur hygiène, ni dans leur pathologie, ni dans leur thérapeutique, en vue de les éclairer l'un par l'autre, et l'on a peine à concevoir une science qui se plaît à leur faire des emprunts, que ni la raison ni l'expérience ne sauraient justifier.

A voir ce qui se passe aujourd'hui dans nos écoles, on dirait qu'il n'y a plus de vérités pratiques sans la lumière de la vivisection, qu'il n'y a pas de pathologie humaine sans le contrôle de l'expérimentation physiologique; qu'il n'y a de thérapeutique que celle qui apporte le témoignage de faits observés sur les animaux; et voyez, à ce sujet, ce qui se passe dans cette prétendue loi d'assimilation de physiologie et d'hygiène comparées. La pepsine, la pancréatine des animaux, sont entrées dans la pharmacologie, comme ferments identiques aux sucs gastriques de l'homme, et pour suppléer à leur insuffisance dans le travail digestif, comme si les conditions anatomiques et physiologiques de la digestion pouvaient souffrir la moindre analogie dans les deux cas ; comme si le prétendu ferment digestif emprunté aux herbivores, en lui supposant même des effets d'analogie avec celui de l'homme, n'avait pas complétement disparu dans les diverses transformations que l'art a dû lui faire subir pour le rendre purement illusoire.

Et mieux encore, voilà que d'après la même loi d'assimilation physiologique, on vient de mettre les dyspeptiques au régime de la viande crue, comme si l'homme était organisé pour disputer aux carnivores leur nourriture; comme si la cuisson des viandes n'était pas la première loi d'hygiène instituée, dès l'origine du monde, pour l'alimentation de l'homme, une loi que l'expérience des siècles a consacrée aussi bien que l'instinct, la raison et le simple bon sens; comme si la cuisson des viandes n'était pas le moyen de leur donner un parfum qui est le premier attrait, le premier guide de l'homme et des animaux dans leur commun instinct; comme si encore la cuisson des viandes n'était pas le seul moyen d'en dégager l'osmazône, ce principe si naturel, si salutaire d'assaisonnement, de saveur nécessaire, en même temps que de puissance digestive que ne peuvent avoir les viandes crues; et comme si enfin, la cuisson des viandes, d'après les premières lois d'hygiène, ne devait pas avoir pour effet de nous préserver d'hôtes pour le moins importuns que recèlent les viandes crues, avant de prendre en nous leur droit de cité, ainsi que le constate de toutes parts, l'observation du moment.

Il est triste, et j'allais dire presque humiliant pour la science, d'avoir à signaler aujourd'hui, au nom du simple bon sens, de telles conceptions hygiéniques et thérapeutiques.

VI. — *L'homme ne diffère pas seulement des animaux, mais de lui-même.*

Il faut bien savoir aussi que l'homme ne diffère pas seulement des animaux pour son hygiène et sa thérapeutique, mais qu'il diffère de lui-même pour ses dispositions physiologiques individuelles, qui peuvent varier à l'infini, modifier à l'infini les indications et les moyens de traitement; et, si l'on a pu dire, en morale, *tot capita, tot sensus*, il n'est pas moins permis de dire, en médecine pratique : *tot morbosi, tot medicinæ*; et pour le comprendre, il suffirait déjà de voir les dissemblances physiques des malades, qui impliquent nécessairement, même *à priori*, autant de nuances physiologiques et pathologiques, bien capables de modifier les indications thérapeutiques et de mettre à l'épreuve toute la science, toute la sagacité du praticien.

C'est au lit des malades qu'il apprendra que, dans tout état morbide, il n'y a pas seulement à traiter la maladie mais le malade lui-même, et c'est là qu'il comprendra surtout ce grand principe de thérapeutique que l'on ne saurait méconnaître, à savoir, qu'il n'y a pas, en médecine pratique, de remèdes spécifiques ou absolus, qu'il n'y a que des méthodes de traitement.

*
* *

Pour conclure de tout ce qui précède sur la nature et la destinée de l'homme et des animaux, il est facile de comprendre que s'ils ont dû naître et vivre dans des conditions si différentes, ils ne devaient pas finir de la même manière.

L'animal meurt, en effet, comme il a vécu, sans le savoir, sans avoir eu le sentiment de son existence et de sa fin ; il meurt sans souvenir, sans regret du passé, sans espérance de l'avenir ; l'homme ne meurt pas ;

il arrive au terme d'une carrière d'épreuves, avec les souvenirs et les regrets d'une vie temporelle, mais avec les consolations, les espérances d'une vie posthume ; il ne meurt pas, il se dépouille de son enveloppe matérielle, en quittant cette terre, pour entrer dans la voie de l'éternité.

CHAPITRE II

LA VIE. — LA FORCE VITALE.

> Il n'y a rien que les hommes connaissent moins, rien qu'ils tiennent plus à connaître, rien qu'ils ménagent moins que leur vie. (La Bruyère.)

Quelque merveilleuse que soit la structure anatomique de l'homme et des animaux, elle serait restée à l'état de matière inerte, si la même puissance qui a pu la concevoir, n'avait su la doter d'un principe moteur capable de l'animer et de mettre en jeu tous les ressorts qui la composent ; et nous ne saurions ignorer que le jour où s'exhale le dernier souffle de vie, tous ces chefs-d'œuvre d'architecture vivante, tous ces prodiges d'art et de génie que nous admirons tombent en ruines pour subir la loi commune de dissolution.

Mais entre ces deux termes, il y a une immense carrière, toujours ouverte au cours des générations et des destinées humaines, c'est la vie, la vie universelle, qui est sans limites et sans fin ; c'est aussi la vie individuelle dont la durée est variable et la fin fatale.

Et qu'est-ce donc que la vie ? car nul n'a su encore nous le dire ; nul n'a su encore même la définir, et nous n'en avons encore que la conscience, comme privilége réservé à la condition humaine ; mais elle s'atteste par des actes qui la rendent accessible à nos sens, dans le sentiment, le mouvement et l'entendement, et qui nous permettent de lui demander quelques lumières propres à éclairer la science de l'homme, soit en santé, soit dans l'état de maladie.

I. — *Dans quelles conditions s'exerce la force vitale.*

Un premier fait qui nous frappe tout en abordant un tel sujet d'étude, c'est cette continuité d'action d'un moteur ne souffrant aucune minute de relâche dans tout le cours d'une carrière qui peut dépasser un siècle. Une fois implantée dans l'organisme, cette puissance y règne d'une manière absolue ; elle y exerce partout la même souveraineté et elle en dirige tous les mouvements avec la même intelligence, la même sagesse ; elle veille à tous ses besoins avec la même sollicitude et la même prévoyance, sachant tout gouverner par elle seule, affranchie qu'elle est de toute contrainte, de toute intervention du dehors.

Rien ne manquait d'ailleurs à l'exercice de son autocratie ; elle trouvait partout des instruments ingénieusement conçus, des appareils admirablement disposés, divinement préparés pour se prêter à sa loi, comme pour se prémunir contre les agressions du dehors.

Elle trouvait, pour les sens, de merveilleux appareils d'optique et d'acoustique placés, comme dans une citadelle, en tête de l'édifice, pour veiller à sa défense.

Elle trouvait dans la configuration des membres, dans la disposition des mains et des doigts, des combinaisons défiant également le génie de l'homme pour exécuter tous les mouvements, pour rectifier tout ce que l'esprit peut inventer.

Elle trouvait, pour se faire entendre, un organe spécial, avec des dispositions physiques non moims ingénieuses, non moins dignes d'admiration, se prêtant à tous les tons de la gamme, à toutes les modulations de la voix, à tous les besoins de la parole.

Et de même, pour les fonctions de la vie intérieure tout était encore prêt, et rien ne manquait pour l'exercice de la force vitale. Elle trouvait pour la digestion des laboratoires de produits chimiques nécessaires à son accomplissement; pour la respiration un admirable appareil de pneumatique chargé tout à la fois d'opérer librement et naturellement le renouvellement d'un air devenu impur, en échange d'un air vital, et d'accomplir la conversion d'un sang noir en un sang rouge et revivifiant.

Elle trouvait pour la circulation un autre appareil de physique non moins ingénieux, un appareil hydraulique destiné à porter le sang devenu, comme on l'a dit, *chair coulante*, dans toutes les parties du corps, jusque dans ses régions inconnues, et inaccessibles à tous moyens d'investigation ; là où se trouvent encore de mystérieux laboratoires de chimie vivante, où s'opèrent les phénomènes de composition, de décomposition et de sélection, en vue de réparation qu'elle sait approprier, assimiler à la substance organique, pour en éliminer par voie d'excrétion tout ce qui peut lui être nuisible.

Et c'est ainsi que partout la force vitale témoigne à la fois d'une prévoyance et d'une sagesse qui attestent une science divine.

On ne peut donc s'étonner que de pieux philosophes, tout épris d'une telle puissance dans l'exercice de l'organisme, se soient trouvés conduits à l'élever à la hauteur d'une puissance morale, de l'âme rationnelle, en lui consacrant le même culte.

II. — *Quelle idée l'on doit se faire de la force vitale.*

Et toutefois, la force vitale, tout en témoignant de son origine divine, est une puissance purement dynamique, une puissance affectée exclusivement et comme complément de l'organisme, à l'exercice de la vie physiologique, pour la conservation de l'individu et de l'espèce ; elle est l'âme de l'organisme, au même titre que l'électricité, sans être l'électricité ; en sorte qu'il y a entre la force vitale et l'âme rationnelle toute la différence qu'il faut établir entre le vitalisme et le spiritualisme, entre l'homme physiologique et l'homme psychologique ; et pour le comprendre, il suffirait encore de savoir que la force vitale est une faculté commune à tous les êtres vivants, animaux et végétaux, une faculté s'exerçant chez tous avec la même intelligence, la même sagesse, la même prévoyance que chez l'homme, sans qu'aucune théosophie puisse les identifier ni leur consacrer le même culte.

Si la force vitale, comme puissance dynamique, a pu souffrir quelque comparaison avec l'électricité, elle n'est pourtant pas, je le répète, l'électricité elle-même. La force vitale est une, et son unité ne saurait non plus être mise en doute, pas plus que sa nature spécifique et sa puissance conservatrice de l'organisme ; elle demeure donc tout entière dans les attributions de l'hygiène et de la médecine, sans être du ressort de la psychologie proprement dite.

A ce titre, la force vitale, ou si l'on veut la nature, ne veille pas seulement aux actes physiologiques dans le cours de la vie et de la santé, elle veille aussi avec sollicitude, et elle intervient aussi avec une salutaire opportunité dans les actes morbides, où elle sait avertir l'hygiène et la médecine de la présence du mal, invoquer leur puissance pour l'aider à le conjurer, si elle ne peut le faire par elle seule. Mais qui pourrait douter de son efficacité dans la grande majorité des cas où elle réagit, se révolte pour ainsi dire au point de soulever l'organisme tout entier contre les causes qui peuvent l'atteindre. Elle s'insurge contre tous les genres d'intoxication, contre toutes les influences paludéennes qu'elle sait dominer sous forme d'accès fébriles, comme elle sait éliminer par elle seule tous les poisons par voie d'excrétion, comme elle saurait au besoin faire justice de médications intempestives ou erronées.

III. — *Ce qu'il faut penser de la force vitale comme puissance médicatrice.*

En présence de tant de vigilance dans l'exercice de la force vitale contre le plus grand nombre des maladies, on conçoit encore que des médecins, séduits à leur tour par les résultats d'une thérapeutique si simple, si commode, si souvent efficace, et, il faut bien le reconnaître, d'une thérapeutique qui a pu compter plus de succès que toutes les combinaisons plus ou moins rationnelles de la chimiatrie et de la pharmacologie, on conçoit, dis-je, que des médecins aient pu aussi consacrer un culte scientifique à la force vitale, comme des casuistes avaient pu lui élever un dogme religieux; et de là cette confiance souvent exagérée ou même aveugle dans ses résultats au moins incertains et décevants, sinon regrettables; et de là, cette célèbre école des animistes dédaignant toute médication active, proclamant toute la souveraineté de la force vitale dans la curation des maladies, où l'homme malade devient le sujet de la nature, où le médecin n'est plus que le spectateur de ses efforts, mais où ses résultats ont pu trop souvent justifier l'accusation portée par ses antagonistes, de n'être qu'une froide méditation de la mort ; et il faut dire que ce n'était pas toujours sans raison.

La force vitale, en effet, peut avoir ses déviations, ses insuffisances, ses inconnues, et ce que l'on ne saurait méconnaître, c'est qu'elle ne peut pas tout par elle seule dans l'exercice de la vie ; c'est que des organes si merveilleusement disposés pour elle, où tout a été si bien combiné, si sagement prévu, ne peuvent être étrangers à ses souffrances et ne pas y prendre plus ou moins de part, si ce n'est la première part, dans un grand nombre de maladies où la sollicitude du médecin doit être en éveil pour leur diagnostic, comme pour leur traitement. Mais l'on ne saurait nier pour cela que la force vitale n'ait le premier et le principal rôle dans l'état pathologique, comme dans l'état physiologique ; qu'elle n'ait même celui d'initiative dans l'invasion du plus grand nombre des maladies aiguës, tous les organes lui étant alors subordonnés, et aucun d'eux n'ayant par eux seuls aucune action physiologique.

* * *

Ce qui nous démontre toute la puissance *per se* de la force vitale, c'est ce fait incontestable que les maladies qui éclatent avec le plus de violence ne sont pas celles qui nous révèlent, en général, des lésions anatomiques bien déterminées, ni celles qui donnent le plus de prise aux moyens de traitement qui leur sont opposés. Loin de là, et quelque étrange que puisse paraître le fait, il est d'expérience presque vulgaire que les grands phénomènes morbides d'innervation, soit du sentiment, soit du mouvement, soit de l'entendement, sont d'autant plus violents qu'ils s'accomplissent en dehors et en l'absence de toute lésion anatomique appréciable, c'est-à-dire en vertu d'une étiologie purement dynamique.

Au besoin, les exemples ne nous manqueraient pas pour justifier cette proposition; il suffirait pour cela de citer les cas d'hystérie, de catalepsie, d'épilepsie et autres, dont les caractères anatomiques sont demeurés au moins bien équivoques, s'ils ne sont pas nuls, en bien des cas.

Un autre fait clinique également bien acquis à la physiologie et à la pathologie du système nerveux, pour démontrer l'indépendance de la force vitale, surtout dans le cas de pathologie nerveuse, c'est que les mêmes actes d'innervation physiologique ou pathologique, quoique mis en exercice par une seule et même puissance, qui les tient sous sa dépendance, ne s'accomplissent pas d'une manière simultanée, ni au même degré, dans les différents appareils de sentiment, de mouvement et d'entendement. Comme si, dans ce cas, la force vitale se chargeait seule d'opérer l'action de leur déplacement, la douleur, la convulsion et le délire qui les représentent dans l'état pathologique semblent s'exclure, pour leur exercice actuel, en vertu d'une sorte d'incompatibilité ou même d'antagonisme.

Jamais, en effet, l'on ne voit apparaître coïncidemment, ni s'exercer simultanément, ces trois ordres de symptômes, et jamais la thérapeutique n'a besoin d'intervenir pour les combattre en même temps. Ce qui est encore d'observation clinique, c'est que l'état convulsif sait faire taire immédiatement la douleur, comme la douleur sait emporter avec elle l'état convulsif, de même que tout délire, toute exaltation maniaque anéantit la douleur; et l'on peut toujours se demander ce que devient l'atroce souffrance qui précède le tétanos, quand arrive la contracture tétanique; ce que devient la sensation si vive de l'*aura epileptica*, quand éclate l'attaque convulsive de l'épilepsie; ce que devient la sensibilité générale, la sensibilité tactile, pendant les attaques de l'éclampsie, de l'épilepsie, dans tout état spasmodique, dans toute surexcitation cérébrale où le degré d'anesthésie répond toujours à la violence de la contraction musculaire.

*
* *

On sait également que toutes les formes d'exaltation maniaque, aussi bien que le délire produit par l'inhalation de l'éther, du chloroforme, par la simple ébriété alcoolique, ont encore pour effet constant d'affaiblir, de suspendre même la sensibilité générale, et l'on sait encore tout ce que l'instinct seul nous inspire, en confirmation de cette loi, pour nous enlever aux étreintes de la douleur dans une agitation où tout l'appareil musculaire se contracte, se convulse, pour ainsi dire, comme pour distraire le principe vital qui tient alors la douleur sous sa dépendance, et pour le solliciter à l'exercice du mouvement.

C'est encore sous l'empire de la même loi que dans le cas de convulsion partielle, de simple crampe, nous cherchons instinctivement, par des frictions pratiquées sur le membre convulsé, à rappeler sur l'appareil du sentiment, le principe d'innervation qui a pu s'en détourner pour opérer l'état convulsif. C'est là surtout qu'est tout le bienfait des sinapismes dans le cas de crampes cholériques.

Tous ces faits de simple observation ne peuvent être indifférents aux sollicitudes du praticien dans l'étude pathologique de la force vitale. Ils ne donnent pas seulement la preuve de l'unité d'un principe d'action pour les trois ordres de sentiment, de mouvement et d'entendement, ils révèlent à la thérapeutique des indications rationnelles dans l'application de la méthode révulsive qui ne saurait être livrée indifféremment à des mains vulgaires pour les cas d'opportunité, en ce qu'elle peut donner des résultats contraires à ceux que l'on se propose, si l'on méconnait la part que peut prendre la force vitale à tout état morbide.

IV. — *Quelle part doit-on faire aux organes dans l'exercice de la vie?*

Quelle que soit la puissance de la force vitale dans ses effets curatifs, comme dans ses actes physiologiques et pathologiques, elle ne pouvait se passer d'organes pour son exercice ; elle avait besoin, au même titre que la puissance électrique, d'un appareil que la Providence avait su également lui préparer ; c'est le système nerveux, sans lequel le dynamisme vital resterait frappé d'impuissance ; nous ignorons d'ailleurs son mode d'action, qui n'est appréciable à nos sens que par ses effets. Ce que nous savons, c'est qu'elle a son point de départ à l'origine et dans les racines mêmes des nerfs, qu'elle irradie de toutes parts dans tous les éléments organiques, pour les animer, leur donner le sentiment et le mouvement, à l'aide des différents ordres de nerfs qui président à leur exercice, savoir :

1º Des nerfs cérébraux, qui sont ou spécialement et purement sensitifs (l'olfactif, l'optique, l'acoustique), ou sensitifs et moteurs, en même temps, dans leur rôle d'association des deux vies extérieure et intérieure (le pneumo-gastrique, le glosso-pharyngien, le diaphragmatique).

2º Des nerfs spinaux qui président, à la fois, au sentiment et au mouvement, en raison de leur double racine, où il a été permis de démontrer que les racines postérieures sont affectées à l'exercice du sentiment, les racines postérieures à celui du mouvement.

3º Des nerfs ganglionnaires qui concourent, avec des filets latéraux de la moelle, à tous les actes de la vie nutritive ou involontaire, à la digestion, à la respiration, à la circulation, à l'absorption, aux sécrétions et excrétions ; ce qui fait qu'en vertu de ses attributions multiples, le système nerveux, dans son unité même, demeure chargé de présider à la vie tout entière. Il a suffi au génie de la création de disposer sur le trajet des cordons nerveux, soit des anastomoses, soit des renflements ou ganglions, comme autant de petits cerveaux chargés d'opérer les modifications qui donnent aux uns la puissance du sentiment, à d'autres celle du mouvement, à tous un centre de perception, avec des aptitudes physiologiques qui échappent à toutes nos explications, mais où tout s'accomplit, pour chaque service distinct, avec une admirable harmonie dans l'exercice des lois de la vie.

En faisant une aussi large part à la force vitale dans l'état physiologique et pathologique, en signalant le rôle important qu'elle prend dans l'invasion, la marche et la solution des maladies, on ne me demandera probablement pas si je suis *vitaliste* ou *organiciste*. J'ai lieu de penser que les faits que j'ai exposés dans ce chapitre, me tiendront lieu de réponse.

La question de vitalisme ou d'organisme n'est plus, en effet, une question d'école, ni une question de doctrine ; c'est une question de fait, qui est du ressort de l'observation et qui pour cela ne peut trouver sa solution que dans le témoignage de l'observation clinique.

CHAPITRE III

L'INSTINCT. — SES DÉTERMINATIONS.

> Quò natura vergit, ducendum
> est. (HIPPOCRATE.)

L'instinct porte avec lui sa définition et sa puissance dans son étymologie même : instigation, stimulation intérieure, c'est la faculté inhérente à la vie même, d'où naissent les besoins de l'organisme, les penchants, les goûts, les attitudes, les caractères, les appétences, les aversions, tous les actes physiologiques, toutes les stimulations intérieures, qui tendent à la conservation de l'individu et de l'espèce.

Pour étudier à ce point de vue l'instinct, pour en faire comprendre tout l'intérêt d'application pratique, je n'ai point à en rechercher l'origine, ni le siége, ni la nature, dans les obscurs méandres de la philosophie occulte; il doit me suffire de prendre les faits dans leur plus simple manifestation, tels qu'ils se produisent naturellement à nos yeux, tels qu'ils se présentent d'eux-mêmes à l'observation, et je laisserai volontiers à d'autres le soin de discuter sur ce point, les doctrines d'Aristote, de Descartes, de Malebranche, de Locke, de Berkeley, de Hume, de Condillac, de Buffon, de Maine de Biran, de Darwin et de tant d'autres philosophes anciens et modernes, dont je n'ai nul besoin pour étudier le seul côté pratique qui m'intéresse dans la question.

I. — *Ce qu'il faut entendre par instinct.*

Il importe toutefois, même à ce titre, de fixer le sens logique et la valeur physiologique de la faculté instinctive, afin d'éviter toute confusion entre des faits qui ont pu être souvent confondus, bien que parfaitement distincts dans leurs attributions intimes comme dans leurs caractères extérieurs. C'est ainsi qu'il ne pourrait être indifférent de confondre l'instinct proprement dit, avec cette propriété purement dynamique dont elle est l'expression, et qui, sous le nom de *force vitale*, préside exclusivement à la vie des organes, à la vie moléculaire ou nutritive.

Quelle que soit la nature également inconnue de l'une et de l'autre, ces deux facultés s'exercent en vertu de lois parfaitement distinctes, même dans leur dépendance d'expression; elles ont, chacune, leur destination spéciale, leur but bien déterminé.

L'instinct, en effet, c'est la faculté préposée à la conservation de la vie de l'individu et de l'espèce; c'est la sentinelle vigilante et active, la sauvegarde de l'organisme, toujours prête à intervenir au premier signal de ses besoins et de ses souffrances.

La *force vitale*, c'est la condition physiologique de la vie, c'est la vie même des tissus et des organes; c'est la puissance qui tient à la fois sous son empire l'exercice du sentiment, du mouvement, des actes instinctifs et de réparation, le secret de la santé et de la maladie, des guérisons spontanées et des guérisons artificielles; en un mot, la force vitale c'est l'âme de la matière organique, quoique matière elle-même, tout aussi incoercible que la matière électrique, sans être l'électricité elle-même. Si la physiologie expérimentale a pu entretenir, continuer pour quelques instants, la vie des tissus, à l'aide de courants galvaniques substitués à la force vitale, elle n'a jamais pu prétendre introduire artificiellement la force vitale dans l'organisme, rien donc d'identique entre les deux puissances et rien de commun entre elles et l'instinct.

II. — *Comment s'accomplissent les opérations de l'instinct.*

Toutes les déterminations instinctives s'opèrent si merveilleusement; elles sont si sagement inspirées, si parfaitement éclairées qu'elles ont pu être prises aussi pour des actes de raison et de conscience, pour des actes de volonté proprement dite, mais c'est là encore une erreur dans laquelle sont tombés bon nombre de physiologistes et de philosophes, erreur qu'il faut également signaler contre toute méprise à l'égard de deux facultés antagonistes dans leur exercice, incompatibles dans leur but.

III. — *Rôle de l'instinct dans l'exercice de la vie.*

L'instinct, nous l'avons dit, a son rôle tout prévu dans la nature, dans l'œuvre même de la création ; tous ses actes émanent de son origine même, tous sont spontanés, inconscients, irréfléchis, involontaires, et tous tendent au même but ; en un mot, l'instinct, c'est l'*anima brutorum*, et, si je puis le dire, le sauvageon animal, sur lequel l'éducation et l'instruction greffent l'intelligence humaine ; c'est l'homme animal, l'homme primitif, l'*homme physiologique*.

La volonté, au contraire, c'est cette puissance virtuelle, libre et indépendante, active et consciente d'elle-même, qui préside au développement de l'intelligence, en même temps qu'à la moralité des actes de la vie humaine, celle qui inspire le devoir devant le danger, le courage dans le malheur et l'adversité, celle qui fait les vices et les vertus dans le triomphe des passions ; en un mot, la volonté, c'est l'homme libre, l'homme arbitre, l'homme moral, l'*homme psychologique*. Et de là, évidemment, la dualité humaine, logiquement déduite, physiologiquement démontrée par deux ordres de faits bien distincts, et nécessairement exclusifs l'un de l'autre.

Que si l'instinct et la volonté n'étaient qu'une seule et même puissance, ainsi qu'on a pu le dire, il n'y aurait plus de démarcation entre l'homme et l'animal; et comment comprendre alors que la même puissance soit capable en même temps d'actes contraires; qu'elle puisse vouloir et ne pas vouloir, commander et obéir, faire option simultanée du bien et du mal, du vice et de la vertu; qu'elle puisse être à la fois la volonté des membres et la volonté de l'âme, suivant l'expression toute physiologique des Pères de l'Église, de St-Paul, de St-Augustin, (voyez la VOLONTÉ).

Et cependant, tel a été, et tel est encore le sujet de ces vaines et stériles discussions d'écoles, de ces interminables débats qui ont retenti jusque dans le sein de l'Église, et qui divisent encore les animistes et les vitalistes, les casuistes et les philosophes, quand la simple logique des faits pouvait concilier toutes les opinions et rallier tous les esprits.

IV. — *L'instinct opposé à l'intelligence.*

Une autre erreur que n'ont pas su éviter beaucoup de philosophes, c'est d'avoir confondu l'instinct avec l'intelligence, oubliant encore que l'instinct est une œuvre de pure création, une faculté qui tient toute sa science d'elle-même, une faculté qui est parfaite de sa nature, d'autant plus parfaite qu'elle demeure à l'état natif, tandis que l'intelligence, fruit acquis de l'état social, perfectible comme l'homme social lui-même, subissant comme lui toutes les influences des régions et des climats, et toutes les nuances de civilisation, n'arrive jamais qu'à une perfection relative, la perfection absolue ne pouvant être que l'œuvre de la puissance créatrice. L'éducation la mieux comprise, l'instruction la plus éclairée, la mieux dirigée, tout en faisant des intelligences d'élite, n'atteignent jamais le degré de perfection que la main divine a su donner aux œuvres de l'instinct.

Et, comme preuve bien vulgaire de cette vérité, voyez ces petits chefs-d'œuvre de berceaux que les oiseaux libres préparent pour leur progéniture; rien n'y manque, ni le coton, ni le duvet, ni la soie, et tout y est disposé avec une intelligence, avec un art qui défie l'artiste le plus habile du monde. Et ces oiseaux, musiciens de la nature, des champs et des bois, ils n'ont point appris la science du chant, ils ne connaissent pas les partitions, mais dans leurs concerts si harmonieux et qu'ils savent si bien par cœur, sans en avoir rien appris, jamais un son discordant, jamais une fausse note.

*
* *

Et voyez aussi ces abeilles qui, sous nos yeux, ont su s'affranchir de toute dépendance domestique et conserver toute l'intégrité de leur instinct, quelle intelligence pourrait leur être comparée pour leur science, leur industrie, leurs mœurs? Leur science, qui donc aurait pu leur apprendre celle que nous ignorons nous-mêmes, de rendre féconde la reine qu'elles ont élue? et cette reine, suivez-la s'avançant noblement à la tête d'une population de plus de 20 mille sujets, recevant en hommage le produit de leur travail, toutes sur son passage levant leurs ailes comme témoignage de leur respect, lorsqu'elle rentre dans son palais, qui est encore l'œuvre de ses sujets ; et quelle intelligence aurait su disposer aussi habilement le plan géométrique de leur capitale, avec des rues si bien alignées, avec des habitations si bien ordonnées, qui pourraient servir de modèles à tous les architectes, aussi bien que d'exemple à tous les édiles du siècle, pour l'esprit d'ordre et d'économie qui préside à leur exécution.

Et comme autre exemple non moins merveilleux de la science instinctive des animaux opposée à la science intellective de l'homme, combien de prodiges dans une araignée, dans un ciron, pour la construction de toiles où tout est si savamment combiné, où tout est si admirablement prévu !

Et combien aussi de chefs-d'œuvre d'art et de génie dans une fourmi ! Demandez-le à Réaumur, à Bonnet, à Buffon, à Huber et à bien d'autres qui ont consacré une partie de leur vie à étudier ses instincts ; demandez-le à la fourmi elle-même, qui saura vous l'apprendre mieux qu'aucun savant du monde; suivez-la se cachant si adroitement à nos regards dans sa demeure souterraine pour organiser sa vie de famille, constituer un état social, sachant mieux qu'aucun peuple du monde fonder une république modèle, où toutes donnent l'exemple de l'ordre, du travail, de l'industrie, de l'esprit d'union et de famille; les unes quittant chaque matin leur nid, à la même heure, pour aller, sous l'ordre d'un chef, à la recherche des provisions et à la poursuite de leurs ennemis, d'autres qui, pour s'assurer leurs conquêtes, sillonnent des routes stratégiques, ouvrent à leurs plans d'envahissement des aqueducs, sous formes de labyrinthes, avec un art et des combinaisons dont nul ingénieur ne serait capable; d'autres enfin qui restent chargés de la défense de la cité, de la construction et de la réparation des maisons; où est donc l'intelligence qui pourrait être opposée à tant de lumières instinctives chez les animaux?

Partout et dans toutes les classes d'animaux, c'est la même puissance innée, la même faculté inhérente à l'organisme, affectée à la conservation de l'individu et de l'espèce, et dont l'exercice nous confond d'étonnement et d'admiration.

Il n'est pas jusqu'à ces petits êtres microscopiques de prétendue génération spontanée qui, sous le nom de vibrions, ne témoignent d'une merveilleuse clairvoyance d'instinct pour quiconque les observe dans leur milieu aqueux. Ils nagent dans toutes les directions; ils évitent avec soin les dangers qu'ils aperçoivent; ils tournent avec adresse les obstacles qu'ils rencontrent, ils savent reconnaître le péril qui les menace, quand, pour une cause quelconque, ils voient s'épuiser le milieu aqueux où ils vivent et se portent sur les points déclives pour y trouver leur salut, cherchant même à s'abriter de la lumière trop vive que le miroir du microscope fait éclater sur eux.

V. — *La médecine instinctive chez les animaux.*

Et leur médecine, c'est bien là encore que les animaux ont su, dans le simple exercice de leur instinct, donner de précieuses leçons à l'intelligence humaine, et ne serions-nous pas bien injustes et bien ingrats, nous, médecins, si nous méconnaissions sa sagesse et son efficacité, nous qui avons été les premiers à nous éclairer de ses lumières et à les mettre à profit dans la pratique. Comme hygiène, les animaux savent certainement mieux que nous choisir les aliments qui conviennent à leur nature et à leur santé; mieux que nous aussi, ils savent saisir le degré de satiété de leurs repas, et ils ne connaissent guère les indigestions ni les gastrites, ni les dyspepsies, qui peuvent accuser des écarts de régime; mieux que nous encore, ils savent repousser toutes les substances qui pourraient leur être nuisibles, et partout où il y a à craindre un poison quelconque, ils en sont avertis par leur instinct; ils devinent jusqu'au danger qui peut s'attacher aux maladies contagieuses, et les évitent avec prudence, à ce point que l'on a vu le redoutable boule-dogue fuir devant le plus chétif roquet, s'il était atteint de rage.

* * *

Les animaux, comme on le sait, ont encore sur nous la prescience des vicissitudes atmosphériques contre lesquelles ils savent se prémunir, mieux éclairés en cela que nous ne pouvons l'être, par tous nos instruments d'eudiométrie, de météorologie et d'astronomie.

Dans leurs maladies, les animaux ne se trompent guère sur les indications rationnelles de traitement; leur diagnostic est exempt d'erreur et ils vont droit aux remèdes, toujours aux remèdes les plus salutaires; et ces remèdes, quels sont-ils? Il faut bien le reconnaître, ce sont ceux qui, après des siècles d'expérience, ont survécu à toutes nos révolutions thérapeutiques, et qui, aujourd'hui encore, restent consacrés dans la pratique comme témoignage de leur efficacité relative; ce sont les émissions sanguines, dont on a pu trop souvent abuser comme on a vu trop souvent les négliger, mais qui restent encore et qui resteront toujours dans la pratique comme l'une de nos plus puissantes ressources de thérapeutique. Ce sont aussi les évacuants, les vomitifs, les purgatifs, qui, pour la même cause d'instabilité de nos doctrines médicales, ont dû subir le même sort que les saignées, mais qui figurent toujours aussi parmi les indications les plus certaines;

ce sont enfin les fébrifuges, les diurétiques, les amers, et peut-être bien d'autres dont les animaux conservent le secret.

*
* *

La chirurgie doit bien aussi quelque chose à l'instinct des animaux, ne serait-ce que l'exemple qu'ils nous donnent de la succion et du lèchement de leurs blessures, pratique dont l'efficacité se constate journellement sous nos yeux et dont nous avons un résultat bien frappant dans les plaies de la bouche surtout, qui guérissent si facilement, si promptement, quelquefois même comme par enchantement, par le seul effet du contact de la salive.

Pour être bien édifié sur ce point de chirurgie instinctive, il faut avoir vu à l'œuvre, ainsi que le racontent de savants naturalistes, Huber et Latreille, ces petits êtres belliqueux dont j'ai déjà parlé, les fourmis qui, après un combat sanglant, s'empressent d'accourir sur le champ de bataille pour panser leurs compagnons d'armes blessés, sucer et lécher leurs plaies, déposer sur chacune d'elles une goutte de salive aussi méthodiquement qu'eût pu le faire ce célèbre commandeur de Malte, dans l'application qu'il faisait de son baume salutaire sur les plaies d'arquebusade.

Et nous nous demandons encore d'où peut venir une science si bien éclairée, une science qui a pu faire pénétrer tant de lumières partout où il y a des êtres animés, jusque dans les entrailles de la terre, jusque dans l'abîme des mers. Est-ce le hasard? Le hasard qui a su faire tant de choses! est-ce la loi d'affinité ou d'attraction, cette loi qui, elle aussi, a pu faire tant de prodiges, tant de merveilles? D'autres, plus savants, sauront nous le dire.

VI. — *La médecine instinctive dans l'homme.*

L'homme serait-il donc le seul des animaux qui, pour prix de son intelligence, fût privé de toutes les lumières et de tous les bienfaits de l'instinct? personne ne pourrait le penser, car l'expérience de tous les instants vient témoigner du contraire. Plus prompt que la réflexion, l'instinct même éclaire déjà mieux que l'intelligence dans le danger du moment, devant un abîme, devant tous les périls de la vie. Mais il est pourtant vrai de dire que cette faculté s'affaiblit et tend à s'anéantir chez l'homme, à mesure qu'il s'avance dans la vie sociale, pour en subir l'influence, en même temps que celle des progrès de l'âge.

Ce qui n'est ni moins vrai ni moins digne de remarque, c'est de voir l'homme malade recouvrer plus ou moins cette puissance conservatrice, cette lumière providentielle pour l'éclairer dans la souffrance, comme pour lui prouver encore que la création a tenu à remettre son œuvre à la vigilance de l'instinct.

C'est dans la maladie, en effet, lorsque l'homme est aux prises avec la douleur, lorsqu'il a pour ainsi dire fait abnégation de sa condition sociale, que l'instinct se révèle avec plus ou moins d'empire dans ses sensations, ses mouvements, ses gestes, son attitude, même dans son sommeil, où tous les actes organiques prennent une signification toujours lumineuse pour des yeux attentifs et exercés. Rien donc n'est alors indifférent pour le diagnostic et le

5.

traitement de la maladie, et rien ne doit rester inaperçu aux yeux du praticien comme résultat d'observation de l'instinct.

C'est surtout chez les enfants, qui n'ont point encore subi l'effet de l'éducation et de la condition sociale, que l'instinct se montre plus libre et mieux éclairé; qu'il peut fournir au praticien ses plus précieuses lumières. Guersent, de si honorable et de si regrettable mémoire, dont la judicieuse pratique devait trouver autour de lui de pieux et fidèles interterprètes pour la bien comprendre et la continuer, Guersent aimait à dire qu'il ne connaissait pas d'indications de traitement plus rationnelles que celles qui lui étaient fournies par l'instinct de ses petits malades, et que sa longue et judicieuse expérience lui avait encore bien appris que l'instinct des mères, qui s'identifie si naturellement, si heureusement avec celui des enfants, est aussi une lumière précieuse dont il n'aurait pu se passer dans sa pratique.

Il y a une période de la vie, celle qui sépare l'enfance de l'adolescence, où il devient plus difficile de distinguer, chez les malades, ce qui est l'expression instinctive des besoins réels, de ce qui n'est qu'un effet de caprice, de velléité puérile ou d'habitude; mais ce qu'il faut du moins savoir, c'est qu'à cet âge, l'organisme subit des effets physiologiques de développement qui peuvent donner lieu à des besoins de réparation plus fréquents, plus pressants même dans l'état pathologique, et je n'ai jamais regretté d'avoir su faire, dans une mesure convenable, des concessions aux jeunes malades qui témoignaient des exigences d'alimentation dans des cas même où elles pouvaient paraître irrationnelles.

Il est triste de penser, mais il est vrai de dire que dans la progression des années, l'homme n'arrive au terme d'une longue carrière, que pour rentrer plus ou moins sous l'empire de ses instincts primitifs, et avec toutes ses défaillances physiques et morales. On sait que, par instinct, autant que par préjugé, le vieillard dont les sens sont émoussés, dont les besoins sont plus rares et moins pressants, exprime plus d'appétence, pour tous les aliments stimulants et de haut goût, pour toutes les boissons excitantes et spiritueuses, pour l'eau-de-vie en particulier, qu'il dit être le lait de la vieillesse, le soutien de sa vie.

On sait aussi qu'en cas de maladie, le vieillard repousse impitoyablement tout régime débilitant toutes médications dites anti-phlogistiques; les saignées lui inspirent une véritable aversion.

Si donc le praticien ne peut se croire obligé de souscrire à des manifestations qui peuvent n'être que l'effet de préventions individuelles ou même d'instincts dépravés, il devra du moins en tenir compte dans l'appréciation des indications de régime et de traitement.

*
* *

Tous les âges de la vie impriment nécessairement à l'organisme des modifications qui se traduisent par des actes d'instincts dont nous avons à peine la conscience, et qui peuvent varier à l'infini, comme expression de besoins et de souffrances actuels dans chaque individu comme dans chaque organe en particulier. C'est l'instinct qui inspire le besoin de mouvement ou de repos, de sommeil ou de veille, d'excrétion et de réparation; c'est l'instinct qui, dans la douleur, nous porte à nous agiter, à nous contracter, comme pour la divertir et lui substituer le mouvement; c'est l'instinct qui fait que nous nous replions pour ainsi dire sur nous-mêmes, dans l'appréhension du froid, dans l'imminence de toute atteinte de cause vulnérante, lui qui nous protége contre toutes les impressions trop vives du dehors, qui ferme nos sens à la lumière, au bruit, aux odeurs, aux saveurs, qui peuvent les blesser.

L'instinct est toujours là aussi, dans le cas de maladie, pour repousser jusqu'au moindre contact des corps extérieurs, même des vêtements ou des couvertures dans les inflammations aiguës, dans le rhumatisme articulaire, dans la péritonite, tandis qu'il va au-devant d'une pression locale, s'il s'agit d'une douleur purement nerveuse et apyrétique; et c'est ainsi que des malades recherchent instinctivement l'application du froid dans le cas de phlegmon, d'anthrax, de brûlure, de panaris, tout comme ils sollicitent le bienfait de la chaleur contre certaines affections chroniques, indolentes, ou de nature froide, sans que cette thermométrie instinctive les trompe.

Tout simples et tout vulgaires que semblent de

tels faits, ils ont pourtant leur signification physiologique et pathologique, leur valeur thérapeutique, et ne sauraient être dédaignés dans la pratique ; mais c'est surtout dans l'exercice des fonctions digestives, dans les souffrances de tous les appareils soumis à l'innervation ganglionnaire, que l'instinct révèle ses indications les plus lumineuses, soit par des appétences, soit par des aversions qui viennent éclairer le praticien dans ses incertitudes de diagnostic et de traitement.

Une première et constante manifestation de l'instinct dans les maladies fébriles, dans les inflammations viscérales, est, comme on le sait, un désir plus ou moins vif de boissons froides, comme moyen sédatif par excellence, joint à une aversion plus ou moins prononcée pour toute espèce d'alimentation ; le plus ordinairement aussi, les malades recherchent un air frais, en même temps qu'ils repoussent les boissons chaudes, et le débat, qui a pu s'engager alors entre le médecin et le malade, a bien souvent donné raison à l'instinct du malade contre toute la science du médecin le plus éclairé.

※
※ ※

C'est en tenant compte de ces pénibles luttes instinctives que les varioleux et les morbilleux avaient à soutenir contre les préjugés d'une thérapeutique incendiaire, que Sydenham sut faire justice de l'absurde et barbare coutume de surcharger de couvertures, de gorger de boissons chaudes et excitantes les malades qui succombaient plus encore aux effets du traitement qu'aux effets de la maladie même.

C'est dans une appréciation plus sage, plus philosophique des diverses formes de maladies mentales; c'est à la vue des tortures que les préjugés de l'ignorance imposaient aux malheureux aliénés, que Pinel sut deviner la cause de leur agitation et briser les chaînes qui ne faisaient qu'exaspérer le mal, accroître le nombre de ses victimes.

※
※ ※

L'histoire de la médecine nous a fourni une foule d'exemples de malades qui, obéissant aux seules inspirations de leur instinct, ont su y trouver leur salut plutôt que dans la contrainte de remèdes imposés à des aversions instinctives; j'en sais du moins un bien remarquable que son auteur m'a permis de livrer à la méditation des praticiens.

Un maître justement vénéré, à qui la science doit tant de travaux précieux, atteint d'une pleuro-pneumonie aiguë, et fatigué de boissons chaudes qui ne lui inspiraient que dégoût, aversion et nausées, demandait instamment des boissons froides et acidules, qui lui étaient opiniâtrement refusées, comme contraires à toutes les règles de l'art et comme pouvant lui être funestes; mais, dominé par les pressantes sollicitations de son instinct, par le supplice d'une soif ardente, ce cher malade obtient grâce de sa garde pour quelques verres de limonade froide qu'il désirait vivement, qu'il but à longs traits et avec délice; et néanmoins il ne tarda pas d'entrer en convalescence pour être rendu à la santé, et pour dire à ses nombreux élèves ce qu'il faut penser de la valeur instinctive des appétences dans l'homme malade, et ce qu'il faut espérer des boissons froides dans le cas de pneumonies.

Sans vouloir substituer toutes les déterminations instinctives aux indications rationnelles de traitement que la science et l'expérience ont pu consacrer, il est, du moins, assez naturel de penser qu'il y aurait souvent plus d'inconvénient, de danger même, dans l'application de remèdes incertains que dans une sage expectation commandée par le doute.

Le médecin n'abdique ni sa science ni son art, ni sa noble mission de ministre de la nature, quand il a la sagesse de s'abstenir là où le diagnostic est équivoque et les indications de traitement nulles; là où la nature se suffit à elle-même, à elle seule; là où toute médication aveugle ou intempestive pourrait être funeste. Qui pourrait croire, en effet, que tel remède plus ou moins actif reste inoffensif sur un organisme malade, quand il ne peut l'être sur un organisme sain?

*
* *

Que si vous me disiez qu'à ce compte il n'y a plus de thérapeutique, plus de pharmacologie, plus de médecine, je vous demanderais si la thérapeutique n'est plus que de l'iatro-chimie ou de la polypharmacie ; si la médecine n'est plus que de l'histologie ou de la micographie ; si même la science de l'homme n'est plus que de la physiologie expérimentale ?

Il est bien loin de ma pensée de vouloir contester toute la valeur scientifique des nombreux travaux dont la science moderne a su éclairer l'histoire naturelle de l'homme ; mais est-ce donc là toute la médecine ? Et, de bonne foi, où sont donc, jusqu'à ce jour, les déductions pratiques qu'elle devait attendre de tant d'élucubrations, de tant de sacrifices ?

Vous aurez beau vous armer de tous les instruments d'optique pour explorer l'organisation dans ses éléments les plus intimes, vous n'y découvrirez pas le mystère de la vie ; vous aurez beau scruter, le scalpel à la main, les entrailles palpitantes de vos holocaustes, les torturer dans tous les sens, vous n'y trouverez pas les secrets de la maladie et de la santé ; et vous aurez beau poursuivre aussi, dans les laboratoires de chimie, de nouvelles combinaisons de traitement, chercher dans toutes les pharmacopées du monde des remèdes puissants, héroïques, vous n'y trouverez ni leurs adresses curatives, ni l'opportunité de leur application. A ce prix, vous aurez des écoles d'histologie, de biologie, d'anthropologie, de microscopie, d'iatro-physique, d'iatro-chimie, vous aurez même des écoles normales de vivisection, mais vous n'aurez pas d'écoles de médecine.

C'est dans l'étude comparative de l'homme sain et malade, dans l'observation attentive et l'appréciation des actes morbides, dans le cri spontané des organes souffrants, que vous trouverez les plus sûrs enseignements de la médecine, les lumières les plus propres à éclairer le diagnostic, la nature et le traitement des maladies ; c'était là que le père de la médecine savait puiser ses règles de conduite pratique, ses principes de thérapeutique ; c'était au lit du malade, dans la méditation des symptômes, dans l'interprétation des déterminations instinctives qu'il posait aux générations qui l'ont suivi, ce grand principe de toute thérapeutique rationnelle, qu'il faudrait inscrire sur le fronton de nos écoles :

Quò natura vergit, ducendum est.

CHAPITRE IV

LA CURIOSITÉ.

> « La grâce de la nouveauté est
> « à la *curiosité* ce que la fleur est
> « sur les fruits ; elle y donne un
> « attrait qui s'efface aisément et
> « qui ne revient jamais. »
> (La Rochefoucauld.)

La curiosité est le premier attribut de l'instinct dans l'homme et les animaux ; c'est le lien qui l'unit à l'intelligence, c'est la lumière qui les éclaire mutuellement dans leur commun exercice.

C'est par la curiosité, en effet, que l'homme fait connaissance avec la vie, qu'il donne le premier signal de sa condition humaine. C'est par elle aussi qu'il sait faire appel à ses sens pour lui ouvrir les portes de l'intelligence et le faire entrer dans la vie sociale ; car il faut bien convenir qu'en dehors de la virtualité de conscience, de cette puissance morale qui n'appartient qu'à l'homme, et qui n'a rien de commun avec la condition animale,

Tout entre dans l'esprit par la porte des sens.

Et c'est ainsi que la curiosité sait, dès le début de la vie humaine, y prendre la première la place, l'envahir chaque jour avec la progression de l'âge pour la remplir toute entière.

Comme on le voit déjà, il y a deux sortes de curiosité, qu'il faut savoir distinguer : une curiosité purement *sensoriale*, une curiosité *intellective*.

I. — *Curiosité sensoriale.*

Tous les sens prennent plus ou moins de part à la curiosité, mais le sens de la vue est celui qui lui fournit ses premiers rayons de lumière, celui qui sait le mieux se prêter à nos premiers instincts. Les premiers regards de l'homme sont des regards de curiosité ; l'enfant qui vient de naître ignore tout, mais il veut tout voir et tout connaître ; il poursuit de ses yeux à peine ouverts, les personnes, les objets, tout ce qui l'entoure ; et bientôt il voudra toucher tout ce qui s'offre à sa vue ; puis il voudra mettre à contribution ses autres sens pour s'initier à la vie de famille, ne faisant grâce alors d'aucune question qui puisse éclairer sa curiosité ; rien de plus tyrannique que la curiosité de l'enfant ; chaque pas qu'il fait dans la vie en agrandit le champ et en voit naître de nouvelles impressions, avec de nouvelles questions auxquelles il faut être prêt à répondre.

Une fois entrée dans la vie sociale où elle s'éclaire également de la lumière des sens et de l'intelligence, la curiosité saura mieux encore se donner libre cours ; elle s'adressera à tout venant pour s'enquérir des nouvelles du jour et de la veille, depuis les vaines formules de politesse et leurs variantes tout aussi insignifiantes, jusqu'à la chronique plus ou moins intéressante du dehors.

Mais tel est le caractère de la curiosité, qu'elle ferme facilement les yeux à tout ce qui lui semble vulgaire ou patent, pour les ouvrir à tout ce qui lui apparaît avec un trait de nouveauté. Comme fille de l'ignorance, elle court avec empressement à la poursuite de faits et d'événements qui lui sont inconnus, pour rester indifférente devant les plus magnifiques spectacles de la nature qu'elle voit habituellement, pour rester dédaigneuse même devant les chefs-d'œuvre de l'art, du théâtre, de la littérature, qui ont pu être l'objet de son admiration.

*
* *

Ce qui est encore digne de remarque, c'est que ce ne sont ni les spectacles agréables, ni les impressions douces qui ont pour la curiosité le plus d'attrait ; elle va avec plus d'entraînement au bruit d'une rixe, ou d'une querelle de rue ; elle court avec plus d'empressement à la nouvelle d'un malheur imprévu, d'un danger quelconque, et elle y court pour se donner des émotions plutôt que pour conjurer le mal ; de même qu'elle se presse et sait franchir tous les obstacles pour assister à des scènes de ruine, de destruction et de mort, pour voir un noyé se débattre contre les flots, un malheureux condamné allant au supplice ; pour voir des armées s'acharner au combat, et toujours pour se donner des émotions.

On raconte qu'à la bataille de Fontenoy, les enfants se disputaient le sommet des arbres pour jouir du spectacle de voir tomber les combattants sous le feu de la mitraille et du canon; de même qu'à la bataille sanglante de Rocoux, de hauts personnages, même de grandes dames, se faisaient apporter des siéges sur un bastion de la ville de Liége pour se donner le même genre de spectacle; tant il est vrai de le dire, avec le poëte :

> On voit avec attrait dans le sein du repos,
> Des matelots malheureux lutter contre les flots.
> On aime à voir de loin de terribles armées,
> Dans les champs de la mort au combat animées,
> Non que la mort d'autrui soit un plaisir si doux,
> Mais le danger nous plaît, quand il est loin de nous.
> LUCRÈCE.

* *

Quelles que soient les émotions qu'elle aime à se donner, la curiosité des sens ne saurait s'en contenter que pour le moment ; il lui en faudra de nouvelles à tout prix, dût-elle aller les chercher bien loin, dans des plans de villégiature, au delà des mers, sous un autre ciel, partout où elle sait en trouver dans ce monde; elle irait même à la recherche des anges, si elle savait en découvrir sur cette terre, pour lui donner des renseignements de l'autre monde.

La curiosité n'a pourtant pas toujours, en perspective, des impressions de voyages aussi lointains; elle peut n'être alors qu'un résultat de caractère individuel, ou de tempérament national dont certains touristes d'outre-Manche nous donnent l'exemple; mais le plus ordinairement, la curiosité sait trouver autour d'elle des impressions capables de la fixer, si elles peuvent être variées, car la monotonie ne peut jamais lui convenir; mais les variétés d'objets qu'elle sait découvrir autour d'elle, dans l'aspect d'un paysage, dans la seule contemplation d'un parterre, d'une nouvelle plante, jointe au sentiment de la propriété; le parfum d'une fleur nouvelle, la saveur d'un fruit nouveau, suffiront à ses besoins de curiosité sensoriale...

La curiosité sensoriale ne vit pas seulement d'elle-même ou de ses inspirations spontanées, elle vit aussi de l'exemple; elle court avec la foule qui l'entraîne, sans savoir où elle va ; elle prête volontiers l'oreille à l'attrait d'un discours, ou d'une musique où l'exemple l'attire ; elle ne voit pas avec indifférence respirer le parfum d'une fleur nouvelle, ni savourer un fruit nouveau, un aliment ou une boisson quelconque. On sait ce que coûte au genre humain, la satisfaction d'une curiosité qui a pu naître au seul aspect d'un fruit encore inconnu dans le jardin d'Éden.

C'est encore la curiosité imitative qui a pu donner lieu à l'habitude de priser et de fumer, et de faire entrer dans nos mœurs le goût même d'un poison, avec son triste cortége, avec toutes ses déplorables conséquences morales et sociales. Car une fois acquis par le seul attrait de la curiosité, le tabac a pu facilement faire le tour du monde, à la seule instigation et sur les ailes mêmes de la curiosité [1].

II. — *Curiosité intellective.*

Mais cette curiosité, purement sensoriale, ne pouvait suffire à la condition humaine ; il y a une cu-

1. Voyez P. Jolly, *le Tabac et l'Absinthe*, Paris, 1875.

riosité plus noble et plus élevée, qui sait répondre au besoin même de l'intelligence, et que nous appelons pour cela *intellective;* curiosité qui ne se contente pas de contempler les beautés de la nature et de l'art, mais qui aspire à connaître la nature même des choses; à faire d'un objet d'admiration des sens, un sujet d'étude scientifique, et qui sait invoquer également la lumière des sens et de l'intelligence pour l'éclairer; curiosité qui, dans sa patience, a pu s'élever à la hauteur du génie, faire des hommes d'élite, des savants, des artistes, des érudits, des bibliophiles, qui sait faire la gloire d'un siècle, la grandeur d'une nation.

La curiosité serait donc bien digne de toutes les méditations du philosophe et du moraliste; de même que, dans sa carrière d'incessante activité où elle peut porter à la santé tous les effets d'impressions insolites, plus ou moins émotives, la curiosité ne pourrait être indifférente aux sollicitudes de l'hygiène et de la médecine.

CHAPITRE V

L'IMITATION.

> Rien n'est si contagieux que l'exemple, et nous ne faisons jamais de grands biens ni de grands maux, qui n'en produisent de semblables. Nous imitons les bonnes actions par imitation et les mauvaises par malignité de notre nature, celles même que la honte retenait prisonnières et que l'exemple sait mettre en liberté.
> (La Rochefoucauld.)

Il y a quelque trente ans que j'avais l'honneur de lire un fragment d'étude sur l'imitation, devant l'Académie de médecine, qui l'accueillait avec une bienveillance dont j'ai conservé le souvenir; c'était une simple esquisse d'un travail que j'avais à cœur de poursuivre, comme pouvant intéresser également la philosophie, la morale et la médecine [1]. C'est ce sujet d'étude, avec les développements qu'il m'a été permis de lui donner [2], qui est devenu la matière de ce chapitre.

Pour comprendre toute l'importance de l'imitation au double point de vue philosophique et médical, il faut l'observer aux diverses époques de la vie, dans l'ordre physique et moral, dans la vie privée et la vie commune, dans les sciences, les arts et les lettres, dans les conditions de santé et de maladie. Tel est aussi le plan que je suivrai dans l'étude de cette faculté.

Et d'abord, l'imitation, ainsi que je l'ai dit, entre comme l'instinct dans la nature de l'homme et des animaux, et comme l'instinct elle fait partie nécessaire, inséparable de leur existence. Son premier type est donc tout fait, il est dans la nature même ; ce qui a pu faire dire à Cabanis que la nature

---

[1]. Jolly, *De l'imitation considérée dans ses rapports avec la philosophie, la morale et la médecine.* (*Mém. de l'Acad. de méd.* 1846, t. XII, p. 581.)
[2]. Voyez Jolly, *Introduction à l'étude de la philosophie dans ses rapports avec l'hygiène et la médecine* (*Bulletin de l'Académie,* 1868, t. XXXIII, p. 918, et tome XXXIV, p. 92.)

s'imite elle-même; et en effet, ses premiers actes sont peut-être déjà dans les produits de la conception, dans les variétés de configuration des espèces, dans les ressemblances de famille, dans les lois physiologiques de l'hérédité.

Moïse nous a fourni le premier exemple du pouvoir de l'imitation dans cet innocent stratagème de Jacob, qui, pour acquérir les agneaux tachetés que son beau-père Laban lui avait promis en mariage, parvint à changer la couleur du troupeau tout entier, en jonchant de fleurs de couleurs variées, tous les lieux qu'il devait parcourir.

Plus évidemment mise en action dès la naissance, et par la seule impulsion toute naturelle de l'instinct, l'imitation s'exerce d'abord pour répondre à nos premiers besoins et pour nous conformer aux premiers actes de la vie. Elle seule nous donne alors les premières leçons de mimologie ou de langage d'action; elle seule présidera bientôt à la première éducation de la parole; et comment pourrait-il en être autrement d'une fonction si complexe, dont l'étude théorique dépasserait toute une vie de calculs et de combinaisons; d'une fonction où il s'agirait de décomposer tous ses instruments anatomiques pour en déterminer le rôle physiologique, dans les milliers de sons que représente l'articulation de la voix?

Chaque jour l'imitation s'exerce sur de nouveaux types, chaque jour elle étend sa sphère d'activité dans des rapports qui se multiplient avec les progrès de l'âge, dans le contact de nouvelles personnes et de nouveaux objets, en sorte que tout en veillant, à côté de l'instinct, aux besoins matériels de la vie, elle devient l'un des grands moyens d'éducation, de civilisation et de perfectibilité humaine.

C'est dire qu'il y a une imitation purement *instinctive* et pour ainsi dire passive, et une imitation *intellective* ou active; l'une, qui nous est commune avec tous les animaux et qui s'accomplit à notre insu, à toutes les époques et dans toutes les conditions de la vie matérielle; l'autre, qui est du domaine de l'esprit, s'exerçant avec intelligence et réflexion, cherchant à copier sciemment, à traduire fidèlement et volontairement tout ce qui lui plaît dans les traits dominants des individus et des objets qu'elle rencontre. Ce qui fait déjà que la faculté imitative peut devenir un écueil redoutable pour l'enfance, pour les organisations mobiles et impressionnables, pour les caractères faibles, disposés à subir toutes les empreintes d'un contact habituel ; de même qu'elle peut constituer un instrument d'étude, un art, une méthode d'éducation, capable de transmettre tous les bienfaits de l'instruction, toutes les règles de conduite sociale et de devoir. L'homme, en effet, se moule pour ainsi dire sous toutes les impressions physiques et morales qu'il reçoit des personnes et des objets qui l'entourent ; et une fois façonné à ces impressions, elles le dominent, le maîtrisent avec toute la tyrannie de l'habitude, si la raison et la volonté ne l'enlèvent à sa puissance.

I. — *Imitation instinctive.*

Nous désignons sous ce titre l'imitation qui, en présence de la réitération incessante des mêmes actes, établit dans la famille, entre proches parents, entre amis intimes, entre personnes sympathiques, une similitude plus ou moins frappante de traits, de gestes, de démarche, d'allure, d'expression et de mœurs. C'est elle qui institue les opinions, les préjugés, les coutumes, aussi bien que la physionomie physique et morale des sociétés et des peuples. C'est par elle aussi que les gouvernements se constituent, que les nationalités se fondent, que les populations s'unissent de sentiment et d'action dans la marche progressive de la civilisation, dans la consécration de toutes les institutions civiles, morales et religieuses ; et ce serait en vain que l'on écrirait les lois dans les Codes, les mœurs sur des tables de marbre, si l'exemple et la tradition ne les gravaient dans le cœur des hommes.

En cela, l'histoire politique d'une nation n'est bien souvent que l'histoire philosophique de l'imitation ; et pour n'en citer qu'un exemple bien frappant : tel homme apparaît victorieux et tout chargé de trophées au milieu d'un peuple qu'il trouve livré à l'anarchie, déchiré par les factions et déjà tout rassasié de ses convoitises et de ses libertés. Tous les regards se dirigent vers lui et sont pour ainsi dire fascinés de l'éclat de sa renommée, du prestige de ses victoires. Bientôt chacun veut l'imiter, et on l'imite dans sa tenue, dans sa démarche, dans sa coiffure, dans son esprit guerrier, on l'imite jusque dans le délire de son ambition et de sa gloire ; et c'est ainsi que se fonde en peu d'années le plus puissant empire des temps modernes ; et c'est ainsi que, dans la marche du temps et la succession des siècles, l'humanité tout entière se fond comme dans un même moule, l'individu dans la famille, la famille dans la société, la société dans la constitution des nations.

*
* *

Pour se faire une juste idée des effets de l'imitation instinctive, il faut les observer dans les actes les plus habituels de la vie commune, dans le plus simple exercice des sens et des mouvements ; car c'est par là surtout que s'établissent les rapports sympathiques d'imitation.

Tout le monde le sait, un visage qui sourit nous fait sourire, et nos yeux se remplissent de larmes à la vue d'une personne en pleurs : personne n'ignore non plus que, sous l'empire même de la contrainte, les éclats de rire, comme les sanglots de la douleur, se propagent aussi rapidement que la pensée à toute une société, à toute une classe d'écoliers, on dit même à tout un régiment. Et voyez encore cet effet remarquable de l'imitation dans la foule qui se presse autour des jongleurs et des mimes de profession : toutes les figures des spectateurs ont pris en même temps une physionomie uniforme, toute modelée, tout empreinte sur celle qui les attire.

On se conforme sans le vouloir, sans le savoir, à la tenue extérieure, au ton, aux manières, à la physionomie même des personnes avec lesquelles on vit en famille ou dans un contact habituel, et il est peu d'hommes qui ne conservent pas, comme fruit de cette puissance d'imitation, quelques traits dominants d'une première éducation. C'est ainsi, nous dit Plutarque, que tous les disciples de Démocrite et d'Héraclite présentaient une physionomie conforme au caractère physique et moral de leurs maîtres, et c'est ainsi que, bien comprise et bien dirigée par l'habileté d'un professeur, mise en pratique et offerte en exemple par la sollicitude des parents, l'imitation peut déjà doter les enfants des plus précieux avantages de l'éducation. Et ce qu'il faut bien dire encore, c'est que cette imitation peut se survivre à elle-même, et ses effets se transmettre par hérédité, comme on le voit dans certaines conditions sociales ou religieuses, dans ces castes nobiliaires où l'on retrouve ce caractère indélébile de famille, ce type d'éducation primitive et de mœurs, qui les distingue encore, même après toutes les révolutions qu'elles ont traversées.

Pour l'oreille, comme pour les yeux, les effets de l'imitation sont tellement naturels qu'il ne dépend plus de celui qui intervient dans un entretien quelconque de ne pas le continuer sur le même ton. On parle habituellement dans le son de voix des personnes avec lesquelles on vit, comme on peint dans sa propre couleur ou dans celle des individus qui vous sont sympathiques. C'est encore à la même puissance d'imitation qu'il faut rapporter les idiomes, les locutions spéciales et tous les vices de prononciation qui se perpétuent dans les familles, dans certaines villes ou certaines provinces.

Les sens du goût et de l'odorat ne sont point exempts des effets de l'imitation instinctive : l'appétit naît en présence de convives qui en donnent l'exemple, et telle personne ne sait goûter la saveur d'un mets qu'à la même condition ou sur un témoignage qui tient lieu d'exemple. Il ne serait même pas difficile de prouver que beaucoup d'aliments, d'assaisonnements ou de condiments ne sont venus accroître la somme de nos superfluités culinaires qu'après avoir subi la loi d'imitation ou le caprice de la mode, qui n'est lui-même qu'un effet d'imitation.

Et puisque je parle de mode, qui donc, en effet, pourrait méconnaître toute l'influence magique qu'elle reçoit de l'instinct d'imitation? Un simple attrait de nouveauté ou de curiosité a bien pu la faire naître; mais elle a besoin de l'imitation pour se produire et se propager; et, sous ce patronage acquis, elle saura bien faire fortune, parcourir le monde entier, même au mépris de la raison, du goût, de la morale et de la santé, même en dépit de toutes les critiques, de toutes les déclamations dont elle sera l'objet; et pour le redire aussi, comme autre exemple non moins flagrant, n'est-ce pas là toute l'histoire abrégée des fumeurs, qui, sous la seule puissance d'un besoin d'imitation, se pressent, se groupent par légions grossissant à vue d'œil, comme s'ils devaient envahir l'universalité des mondes.

P. JOLLY, Hygiène.

Rien encore de plus imitatif que les actes musculaires ou le mouvement. Là aussi, les faits et les exemples nous frappent de toutes parts, aussi bien dans les animaux que dans l'homme. Vous avez pu voir, à l'exemple d'un seul, des animaux domestiques accourir ou fuir, des compagnies d'oiseaux prendre leurs ébats ou leur vol, tout un troupeau de chèvres ou de moutons sauter et bondir.

Voyez cet enfant qui marche à peine. Il obéit déjà à tous les mouvements qu'il observe. Il court s'il voit courir, il saute en mesure s'il voit danser ou s'il entend le son d'une musique dansante.

Vous cheminez du même pas, en compagnie de plusieurs personnes, et si l'une d'elles glisse ou trébuche vous vous contractez pour ainsi dire avec ses muscles, comme pour l'empêcher de tomber. De même, si vous apercevez quelqu'un au bord d'un abîme, dans l'imminence d'un danger quelconque, vous prenez vous-même l'attitude que l'instinct d'imitation vous inspire pour parer à ce danger.

Et n'est-ce pas aussi par un effet de sympathique imitation que des milliers de soldats obéissent si merveilleusement, et comme par une sorte de pouvoir magique, à toutes les évolutions militaires que leur indique le signal imitatif du commandement ; que des bataillons armés courent du même pas au combat, à la victoire ou à la mort ; que des masses populaires, entraînées par l'exemple, se pressent également au secours ou au meurtre de leurs semblables ; que des martyrs de la religion et de la politique ont pu aller au devant des supplices et des tortures, comme d'autres se sentent portés au spectacle et au mouvement d'une ronde joyeuse ?

Ce qui est encore bien digne de remarque, c'est l'effet de l'imitation sur le travail et le repos, sur la veille et le sommeil, sur tous les actes de la vie extérieure. Dans les ateliers d'art et d'industrie, dans les grandes réunions d'ouvriers où tout se passe en vertu de l'exemple, vous ne voyez que des travailleurs ou des oisifs, suivant l'impulsion donnée par un chef. De même tout veille à l'aspect du jour et à l'action du mouvement, tandis que tout sommeille dans le calme du silence et l'obscurité de la nuit, et le sommeil nocturne de l'homme et des animaux n'est lui-même qu'une imitation du sommeil de la nature entière.

On s'endort en présence d'une personne endormie; on s'endort au débit monotone d'un chant, d'un sermon, d'un discours ; et malheur à l'orateur qui oublie que l'art de tenir éveillé son auditoire est surtout dans la peinture imitative des faits qu'il expose, des passions qu'il exprime, des sentiments qui l'animent; mais aussi défiez-vous de l'exaltation sympathique que peut faire naître une éloquence exagérée; car c'est par elle que les passions peuvent s'éveiller et se transmettre; que l'effervescence politique peut, en un clin d'œil, se propager dans toute une nation ; que des populations entières s'insurgent, s'arment et bouleversent des empires.

*
* *

En général, les instincts d'imitation sont d'autant plus impérieux qu'on les observe dans un âge moins avancé, ou chez les sujets dont l'intelligence est plus ou moins oblitérée.

Boerhaave raconte avec beaucoup de détails l'histoire curieuse d'un jeune homme qui, privé tout à la fois d'intelligence et d'éducation, copiait fidèlement, répétait involontairement, exécutait pour ainsi dire automatiquement les mouvements, les gestes, les attitudes, les chants, les ris et les pleurs, en un mot tous les actes qui se passaient autour de lui, faisant aussi tour à tour, de la gymnastique, de la statique, de la géométrie, de la mécanique, de l'harmonie, du sentiment même, comme il eût fait sans doute de criminelles actions, si elles lui eussent été inspirées par l'exemple. Tels, hélas! ces enfants du peuple, qui restent livrés à leurs instincts d'imitation, que l'incurie des parents tolère, que l'exemple même encourage daus l'oubli des devoirs, dans le mépris de tous les sentiments d'humanité, jusque dans les actes de cruauté et de mutilation qu'ils exercent sur les animaux, et qui, une fois entrés dans cette déplorable carrière, y grandissent, s'y affermissent par l'habitude et n'en sortent trop souvent que pour entrer dans la voie du crime.

L'idiotie, cette triste condition humaine, qui a fermé tout accès à l'éducation, pour laisser toute liberté de développement aux instincts d'imitation, comme s'ils devaient prendre la place de l'intelligence, l'idiotie a pu souvent donner lieu à cette sorte d'aberration mentale, et l'un des fils du grand Condé, Henry-Jules de Bourbon, en fut un exemple bien remarquable. Aucun fait, aucun acte ne se passait sous ses yeux, sans qu'il mit en jeu ses instincts d'imitation. C'est ainsi qu'il répétait fidèlement, imitait, à s'y méprendre, le chant d'un oiseau, le cri du coq, le miaulement du chat, l'aboiement du chien.

Un jour qu'il se crut chien de chasse, après une chasse à courre, il se mit à poursuivre de ses aboiements continuels le chevreuil qu'il apercevait partout, jusques dans les salons de réception de Louis XIV, et c'est à peine si l'imposante majesté du grand roi pouvait obtenir de lui qu'en présence de la cour, il ne fît que des mouvements muets des mâchoires, comme le chien qui japperait sans voix.

Mais voilà bien un autre genre d'imitation qui pourra sembler encore plus étrange. Henry-Jules a été frappé de la mort d'un prince de ses aïeux, et il doit aussi l'imiter. Bien convaincu qu'il est mort lui-même, il cesse de crier, de chanter, d'aboyer ; il cesse même de parler et d'agir, pour demeurer dans une complète immobilité. Inutile d'ajouter que, comme habitant de l'autre monde, il ne doit plus ni boire ni manger. Tenter de le contredire, eût été au moins inutile, peut-être dangereux, car on ne dissuade jamais un halluciné de son erreur ; on ne fait que l'exaspérer.

Que fera donc le médecin, en présence d'un cas au moins bien insolite et bien imprévu ? il ne déclinera pourtant ni sa mission, ni sa compétence, et saura trouver comme remède posthume contre une maladie posthume, cet heureux expédient : « Oui, dit-il bien gravement à son illustre malade, oui, Monseigneur, vous êtes mort, bien mort, et nul ne peut le savoir mieux que moi ; mais ce que je sais aussi, et ce que vous ne pouvez déjà plus ignorer, c'est qu'il y a des morts qui entendent, et vous êtes de ce nombre. Il y a aussi des morts qui boivent et mangent, et j'en connais, si bien que Votre Altesse, dans cette communauté de sort, pourrait, si elle le voulait, dîner avec eux. » Et le prince de donner à cette proposition un léger sourire d'adhésion. Comme il n'était pas difficile de trouver des convives disposés à s'asseoir autour d'une excellente table, même à la condition du silence, le remède fut bientôt appliqué et eut tout le succès qu'il était permis d'en espérer. L'ingénieux docteur, qui faisait les honneurs du banquet des trépassés, put faire de leurs conversations des récits qu'il appelait ses dialogues des morts.

II. — *Imitation intellective.*

Tout ce que je viens de dire sur l'imitation ne s'applique guère qu'à cette imitation irréfléchie, involontaire et que j'ai appelée pour cela *instinctive* ou passive ; mais il est une autre imitation tout *intellective*, qui a pour objet le domaine tout entier des sciences, des arts et des lettres. C'est par elle, en effet, que sont reproduits tous les chefs-d'œuvre de l'art et du génie, toutes les conquêtes de l'esprit humain ; que chaque siècle, chaque pays, chaque règne imprime à ses monuments un caractère spécial, un cachet d'époque, une sorte d'école que l'on aime à retrouver, à suivre comparativement dans l'esprit du savant, dans le génie du poëte et le talent de l'artiste ; imitation qui a bien aussi ses écueils qu'il faut craindre dans un esprit qui s'asservit, sans jugement et sans goût, à son modèle, quel qu'il soit ; comme elle a aussi ses précieux résultats pour ceux qui savent saisir et mettre en relief toutes les beautés d'un sujet, faire revivre ainsi le mérite de chaque auteur, dans la plume de l'écrivain ou l'œuvre du savant, dans le ciseau du sculpteur, dans le burin du graveur, dans le pinceau du peintre ; car pour ceux-ci, l'imitation ne s'exerce plus seulement dans la sphère d'une servile copie ou d'un coupable plagiat ; elle sait s'affranchir du rôle de copiste ou de compilateur pour s'élever au-dessus de ses modèles ; c'est ainsi que Boerhaave, Paré, Bichat et tant d'autres laissent loin d'eux les habiles maîtres qu'ils s'étaient plu à imiter ; que Raphaël s'élève tout à coup au-dessus de l'école du Perugino, après l'avoir fidèlement suivie ; que Corneille et Racine surpassent, tout en les imitant, Sophocle et Euripide ; que Molière nous fait oublier Aristophane et Térence, ses premiers modèles.

Ai-je besoin de dire que l'art dramatique n'est et ne peut être qu'un art d'imitation, un art où l'auteur sait trouver ses types dans la nature même, l'acteur, ses succès dans le jeu imitatif des personnages, des figures, des caractères, des passions, des événements qui se produisent sur la scène.

La poésie, la musique, l'éloquence, trouvent aussi dans la puissance de l'imitation un instrument capable de faire passer dans l'âme tous les sentiments qu'elles expriment ; et c'est ainsi encore que le poète s'inspire imitativement à la lecture de beaux vers, qu'un grand orateur émeut tout un auditoire des mêmes passions qui l'animent ; que l'admiration que l'on ressent en sa présence a plus d'une fois enfanté des prodiges d'éloquence.

Mais c'est surtout dans l'étude et l'exercice de l'harmonie que l'imitation nous montre ses plus admirables effets : telle personne qui, dans l'étude de la musique, s'évertue inutilement à composer des sons et des accords, même avec le maître le plus patient et le plus habile, surmonte comme d'inspiration toutes les difficultés d'un morceau d'harmonie par le seul effet de l'imitation. Nous avons connu un violoncelliste qui excellait dans l'exécution d'un solo, et qui nous a avoué n'avoir jamais pu résoudre les difficultés de la musique que par l'effet de l'imitation ; singulier effet d'une faculté de l'homme possède en lui-même plus de science et d'art qu'il n'en saurait trouver dans les plus habiles maîtres, où tout échappe encore à l'intelligence humaine, où tout est encore mystère et prodige, depuis le sentiment inné qui conçoit l'harmonie jusqu'à la merveilleuse coordination de tous les actes qui concourent à son exécution !

On sait d'ailleurs combien est entraînant et presque irrésistible le pouvoir imitatif d'un chant guerrier, d'un chant national, d'un simple refrain de ballade ; on a même vu cet effet d'imitation harmonique acquérir assez de force pour maîtriser tous les efforts de la raison et de la volonté ; tel est le curieux exemple observé par Zimmermann dans un couvent d'Allemagne, où l'une des religieuses s'étant mise à imiter le miaulement du chat, toutes les sœurs répétèrent ensemble le même chant, jusqu'à ce que l'intervention de la force publique pût mettre un terme à ce nouveau genre de concert [1].

---

[1]. Zimmermann, *De la solitude, des causes qui en font naître le goût, de ses inconvénients, de ses avantages et de son influence sur les passions, l'imagination et le cœur*, traduite de l'allemand par Jourdan. Paris, 1840, p. 127.

III. — *L'imitation dans son rapport avec la médecine.*

Si donc l'imitation peut exercer un si puissant empire sur la constitution physique et morale de l'homme; si elle peut imprimer à son organisation des dispositions physiologiques plus ou moins favorables au développement de certaines maladies; si elle peut faire éclater subitement telle affection dont le germe sommeillait dans l'organisme, pendant l'exercice de la santé, on conçoit tout l'intérêt qu'elle peut avoir pour le médecin, même au point de vue pratique.

*
* *

L'imitation, comme on l'a dit, est une véritable contagion, une contagion qui a son principe dans l'exemple comme la variole a son contage dans le virus qui la transmet; et de même qu'il existe dans l'intimité de notre organisation, des maladies qui n'attendent pour se développer que la plus légère cause, de même aussi il est en nous des passions qui restent muettes dans l'exercice de la raison, et qui peuvent s'éveiller et se prononcer par le seul effet de l'imitation. C'est encore dire qu'il est des individus et des objets qu'il faut fuir, des récits et des actions qu'il faut craindre; car dans la fragilité humaine, on ne peut prévoir les effets des impressions fortes ou insolites sur certaines organisations plus ou moins aptes à les subir. C'est en cela que l'expression de contagion morale n'est plus seulement une vaine image, mais la représentation d'un fait physiologique de la plus haute importance dans l'étiologie de certaines maladies.

*
* *

La vue, comme l'a dit Buffon, est le toucher des astres, il aurait pu dire le toucher de l'univers; elle touche la personne qu'elle observe jusque dans son organisation la plus intime; elle touche le cerveau même de l'épileptique sur lequel s'arrête son attention, au moment de l'attaque; elle perçoit ainsi ses impressions actuelles et ses souffrances; elle subit ainsi la loi physiologique et toutes les conséquences pathologiques d'une véritable contagion; et de là, sans doute, cette fatigue musculaire, ce brisement du corps que ressent la personne qui assiste à tout acte convulsif; de là même ces attaques de nerfs si fréquentes, qui éclatent en présence de la même affection; de là enfin, ces mille formes de maladies nerveuses qui naissent, se développent et se multiplient sous la seule influence de l'imitation. Et faut-il en citer des exemples?

L'histoire si connue des épidémies convulsives de Loudun, de Saint-Médard, de Harlem, où la maladie se propageait avec la rapidité de l'éclair sur des centaines de personnes; celle plus récente de Saint-Roch, où plus de soixante jeunes filles, appelées à leur première communion, furent atteintes pendant l'office et en moins d'une demi-heure de violentes convulsions dues au seul effet de l'imitation; les exemples de hoquet et de bégaiement rapportés par Désormeaux; les cas de coqueluche, de vomissement, d'hystérie et d'épilepsie racontés par Sauvages et Van Swiéten; et enfin cette épidémie toute récente d'extase observée dans une partie de la Norwége, par suite des prédications exagérées des fanatiques apôtres du méthodisme, sont autant de témoignages bien propres à confirmer cette vérité.

Des médecins et autres personnes attachées à des établissements d'aliénés, ont dû à cette même influence des hallucinations des sens et toutes les formes d'affections mentales qu'ils étaient appelés à observer. Et combien d'hypochondries ne sont que la conséquence de la société intime de personnes habituellement tristes et moroses! Et combien de monomanies suicides qui se sont transmises par imitation, depuis l'exemple si connu des filles de Milet, qui se pendaient ou s'étranglaient sous les yeux mêmes de leurs gardiens, et l'exemple non moins célèbre des femmes de Lyon, qui trouvaient également moyen d'échapper à toute surveillance pour se noyer par centaines dans le Rhône! et combien enfin de monomanies homicides, de crimes de tous genres ont été inspirés par le récit des actes criminels, par la publicité donnée aux drames des assises!

Triste et déplorable vérité qu'il faut bien reconnaître! l'idée d'imitation peut naître à la seule pensée du fait qui l'inspire, et quiconque pénètre dans la conscience de l'homme le plus pur se confond d'épouvante, en présence de toutes les mauvaises pensées qui sont venues l'obséder, de tous les crimes qu'il aurait pu commettre, s'il n'eût invoqué tous les secours de sa raison et de sa vertu.

Craignez donc les effets de l'imitation sur ces esprits faibles que l'exemple seul peut entraîner dans le torrent des passions, aussi bien que dans le développement des maladies qui en sont un si fréquent résultat.

Craignez-les chez les enfants dont l'organisation est si flexible, si docile à toutes les influences extérieures, dont le caractère se plaît si facilement à suivre tous les penchants vicieux, à copier fidèlement tous les actes physiques et moraux, même les actes morbides qui s'offrent à leur imitation!

Craignez-les aussi chez les femmes dont la sensibilité est si active, si mobile, si avide d'impressions; dont l'âme s'ouvre si volontiers à toutes les scènes, à tous les drames que lui offre le théâtre de la vie!

※
＊ ＊

La douleur physique même se communique par imitation, et elle se révèle à celui qui la perçoit ainsi, avec tous les caractères variés qu'elle peut affecter dans l'individu qui la transmet. « La vue des angoisses d'aultruy m'angoisse matériellement, » dit le spirituel auteur des *Essais*; et vous avez lu cette lettre où madame de Sévigné écrit à madame de Grignan, sa fille : « Depuis que vous toussez, ma » chère enfant, j'ai mal à votre poitrine. » Et ne croyez pas qu'il s'agit ici d'une sympathie purement morale, due à la seule préoccupation d'une tendresse maternelle; car rien n'est mieux constaté que les toux d'imitation, et le seigneur de Montaigne le savait bien aussi, quand il disait : « Un tousseur continuel irrite mon poulmon et mon gozier : il m'enrhume et me fait tousser. »

Non-seulement on frissonne en présence d'un frisson fébrile, ou même au seul aspect d'un marbre, mais on peut éprouver tous les stades d'une fièvre d'accès par pur effet d'imitation, et nous en avons vu tout récemment un exemple remarquable. Nous avons vu aussi une mère qui ne pouvait soutenir le regard de sa fille atteinte d'ophthalmie, sans éprouver elle-même ce genre d'affection ; et ne connaissez-vous pas ce singulier fait cité par Malebranche d'une jeune servante qui, témoin d'une saignée de pied que l'on pratiquait à son maître, fut saisie, au moment même de la piqûre, d'une douleur si vive à la saphène, qu'elle fut obligée de garder le lit pendant plusieurs jours ? Et voici venir un autre historien également digne de foi, Thomas Bartholin, qui raconte qu'un mari était en proie à de violentes coliques, toutes les fois que sa femme éprouvait les douleurs de l'enfantement.

De tels faits, qu'il serait facile de multiplier, ne sont ni plus mystérieux ni moins croyables que mille autres qui se passent journellement sous nos yeux ; que ce violent agacement de dents que l'on ressent en voyant manger des fruits acides ; que le besoin presque invincible de bâillement ou d'éternuement, en présence d'une personne qui bâille ou qui éternue ; que l'exemple si fréquent des individus qui vomissent à la vue du vomissement ; que tel besoin subit et pressant qui naît au seul bruit de l'excrétion qu'il provoque.

IV. — *Puissance thérapeutique de l'imitation.*

Que si l'organisme peut subir tant de modifications physiologiques et pathologiques par la seule influence de l'imitation, il n'est plus douteux que l'on ne puisse invoquer avec avantage l'exercice de cette faculté dans le traitement moral d'un grand nombre de maladies; car, ici encore, les faits se touchent par tous les liens qui unissent la physiologie à la pathologie, l'hygiène à la thérapeutique, et qui les rendent pour ainsi dire tributaires des mêmes lois.

La plus simple observation prouve, en effet, que la santé comme la maladie peut s'acquérir par imitation. Mais une première condition semble pourtant nécessaire à l'effet thérapeutique de cette puissance; c'est un certain degré de sympathie entre la personne qui se propose de l'exercer et celle qui est appelée à la subir; car si la sympathie n'est pas l'imitation elle-même, elle en est du moins la principale condition morale; et si, pour l'éducation, il en faut entre la mère et la fille, entre le maître et le disciple, entre le chef d'une armée et le soldat, il en faut aussi, il en faut surtout entre le médecin et le malade.

Est-il besoin d'ajouter que l'on ne pourrait espérer de transmettre par voie d'imitation ce que l'on ne posséderait pas soi-même? Sous ce rapport, la santé même du médecin, le caractère de sa physionomie habituelle, la tenue actuelle de son esprit, de son langage, ne sont jamais complétement indifférents dans l'effet moral de ses soins et de ses conseils. C'est ainsi que l'aspect d'une figure fraîche et joyeuse, respirant à la fois la santé, la confiance, a suffi bien souvent pour porter le calme dans un corps souffrant, l'espérance et la joie dans une âme inquiète.

* * *

Il est peu de maladies où le médecin ne puisse invoquer avec quelque avantage l'exercice de l'imitation; mais c'est principalement dans les maladies nerveuses que l'art peut mettre à profit toute la puissance thérapeutique de cette faculté; quand il s'agit d'aller au-devant des sensations intérieures et des besoins naturels de l'organisme, quand, par exemple, tous les ressorts de la vie sont plus ou moins frappés d'asthénie, ou manquent du stimulant nécessaire à leur action. Nous avons vu un malade affecté de paralysie de vessie, devenue réfractaire à toute espèce de traitement, et qui fonctionnait merveilleusement à l'instigation du bruit imitatif de l'excrétion simulée. Il suffisait pour cela d'ouvrir le robinet d'une fontaine placée dans une pièce voisine; de recevoir dans un vase le jet continu du liquide qui en sortait, et de produire ainsi un bruit analogue à celui de la miction naturelle. Ce moyen, inspiré par l'exemple que nous donnent certains animaux et mis en pratique avec la plus intelligente sollicitude, ne manquait jamais son effet.

Beaucoup de maladies convulsives peuvent être également combattues par l'intervention adroitement ménagée de la puissance imitative; et si vous avez dû craindre pour certaines personnes les dangereux effets d'un contact fréquent avec celles qui seraient atteintes, ou d'hystérie, ou de catalepsie, ou de chorée, ou d'épilepsie, vous pouvez espérer d'opposer efficacement à ces diverses affections, des actes imitatifs sagement conçus et habilement dirigés, dans un sens toujours contraire à leur prédisposition ou à leur effet.

Il en est de même de quelques anomalies musculaires connues sous le nom de *tics*, où l'imitation peut être aussi d'une efficacité remarquable ; car si, comme nous l'avons dit ailleurs, la volonté est dans ce cas le premier de tous les remèdes, elle a souvent besoin de l'exemple pour se soutenir et demeurer inflexible. Ainsi donc, comme règle générale et bien importante, ne mettez en contact habituel les personnes qui ont contracté des mouvements désordonnés ou des contractions insolites des paupières, des yeux, des lèvres ou de toute autre partie du corps, qu'avec celles qui sauront leur offrir un exemple continuel de bonne tenue, de maintien décent et sévère, de régularité constante dans les attitudes et les actions musculaires. C'est bien alors que la danse, l'escrime, l'équitation, la callysthénie et tous les exercices d'imitation peuvent être d'un effet précieux, en substituant des poses et des attitudes régulières à des habitudes musculaires plus ou moins vicieuses. Ici encore le service militaire a quelquefois opéré des prodiges. Nous avons vu, comme beaucoup d'autres ont pu voir, de jeunes soldats se défaire rapidement, à l'armée, de tics habituels qu'ils devaient à des dispositions naturelles, à des effets d'imitation ou à des vices d'éducation physique que rien n'avait pu maîtriser.

Que s'il s'agissait de bégaiement, ou de tout autre vice de prononciation, comptez aussi sur cette gymnastique vocale déjà si heureusement appliquée aux différents vices de la parole, sous le titre d'orthophonie, et qui est également toute d'exemple ou d'imitation. Ne mettez en relation intime les personnes qui seraient atteintes d'une telle affection qu'avec celles qui, dans leur conversation habituelle, savent s'imposer une continuelle accentuation de la voix, une articulation toujours mesurée, toujours nette et précise, de manière à leur donner sans cesse l'exemple de prononciation que vous proposez à leur imitation.

Et parlerai-je aussi des précieuses ressources dont l'imitation a su profiter pour l'éducation des sourds-muets ; de cet art auquel s'attache la noble et sainte mission de rapprocher de la famille et de la société ces êtres si malheureux et si dignes d'intérêt, que leur infirmité seule exclut tout à la fois du foyer domestique et des affections de famille, des droits civils et de tous les bienfaits de l'éducation.

Pour concevoir toute la puissance de l'imitation à l'égard des sourds-muets, il faut encore se rappeler que la parole, comme le langage d'action, comme l'expression muette des gestes et du visage, est le fruit nécessaire de cette faculté ; que le sens de la vue peut, dans beaucoup de cas, suppléer le sens de l'ouïe ; qu'il peut même suivre avec assez d'intelligence le jeu des lèvres, des yeux et de la physionomie entière, pour porter dans l'esprit tous les matériaux du raisonnement, c'est-à-dire tous les éléments intellectuels de la parole.

« Pour instruire les sourds-muets, dit le vénérable abbé de l'Épée, il suffit de faire entrer dans leur esprit par les yeux ce qui ne pourrait y entrer par les oreilles. » Si donc, comme nous l'apprend encore un disciple éclairé de son école, devenu lui-même un grand maître (M. Dubois), vous voulez obtenir de la mimique tout ce qu'il est permis d'en espérer, ne vous bornez pas au seul langage des mouvements et des gestes; adressez-vous aussi aux instruments de la parole; prenez de bonne heure l'habitude de parler le langage oral, même à l'enfant privé de l'ouïe; c'est le moyen d'établir plus sûrement avec lui un commerce, une intelligence de rapports, une conversation qui, quoique tacite, lui offrira chaque jour plus d'attraits.

Si vous ne lui parlez à haute voix, faites du moins que le mouvement de vos lèvres représente un langage articulé, et que ses regards soient constamment fixés sur votre physionomie pour en suivre et en reproduire tous les mouvements. Vous captiverez d'autant plus facilement son attention, que vous joindrez au jeu continuel des lèvres la représentation fidèle de l'objet dont vous l'occupez. Bientôt, n'en doutez pas, l'enfant se familiarisera avec cette forme de langage, et il vous suffirait alors de lui inspirer le sentiment de la voix, de l'initier à la connaissance des sons, si déjà il ne l'a intuitivement acquise, pour le faire entrer dans l'éducation de la parole.

Mais ici commence une nouvelle tâche, qui appartient encore toute entière à l'imitation; tâche grande et belle, bien difficile sans doute, mais non impossible, comme on l'a cru si longtemps, avant les heureux essais tentés dans plusieurs établissements spéciaux de l'Allemagne; et grâce à de nobles efforts qui se poursuivent depuis quelque temps en France, grâce au zèle infatigable de MM. Woisse, Laurent, Colombat, Vallade, Chervin, etc., bientôt nous n'aurons plus rien à envier à ceux qui nous ont précédés dans cette nouvelle carrière.

*
* *

On sait aussi combien la faculté imitative acquiert de force et de développement dans les maladies mentales, et tout ce qu'il est permis d'en espérer dans l'étude de leur diagnostic et de leur traitement. Réduites pour ainsi dire à la vie matérielle dans l'idiotisme, toutes les facultés cérébrales se renferment alors dans l'exercice des sens externes, et c'est à l'imitation surtout que la médecine morale doit les seules ressources qu'elle possède contre ce genre d'affection ; c'est à l'art de concevoir et de combiner des actes imitatifs, à la portée des idiots, de les ajuster pour ainsi dire aux instruments incomplets de leur intelligence, que l'orthophrénie s'est adressée dans ces derniers temps pour essayer d'enlever aussi cette classe de malheureux à leur état d'isolement et d'abjection ; et c'est d'elle seule qu'elle pouvait obtenir les succès qui, dans quelques cas, ont paru répondre à ses généreux efforts et à sa noble philanthropie.

Dans la démence, où l'aliénation mentale a passé par tous ses degrés, où les malades sont devenus incapables de spontanéité d'action ; où ils peuvent tout au plus obéir aux actes qu'une sollicitude particulière ou une volonté étrangère leur imprime, l'imitation est encore le seul moyen de susciter et de faire comprendre leurs besoins, d'entretenir ainsi les faibles, les seuls liens organiques de leur existence.

Mais elle a été et sera toujours plus heureuse, il faut le dire, dans les autres formes de maladies mentales, dans les diverses monomanies surtout, où il a suffi bien souvent, pour régulariser une sensation déviée, réprimer une passion dominante ou une idée exclusive, de solliciter l'exercice de toute autre faculté par une série d'impressions et d'actes imitatifs, capables d'opérer sur elle une sorte d'antagonisme sensitif, moral et intellectuel.

Bien souvent, en effet, une monomanie n'est que l'exagération d'une disposition affective ou intellective, qui s'est insensiblement accrue jusqu'au degré d'aliénation ; et cela, par le seul fait de sa suractivité propre ou de l'évolution des organes qui sont spécialement affectés à son exercice. Or, c'est à la sollicitude éclairée du médecin à saisir, dans l'appréciation de toutes les circonstances individuelles de la maladie, les moyens d'atténuer et de balancer ses effets ; de chercher à la divertir par des actes imitatifs variés suivant sa cause, sa nature, sa tendance ou son objet ; de faire intervenir au besoin tous les exercices musculaires ou gymnastiques, tous les éléments de la morale, tous les arts d'imitation, la peinture, la musique, l'art dramatique, en un mot tout ce qui peut peindre et faire naître un autre sentiment, une autre situation de l'esprit; tout ce qui peut arracher le malade à l'ambition, à la frayeur, à la haine, à la vengeance, à la soif du sang ou de l'or, à toute passion qui le subjugue, l'enlève ou l'aliène à lui-même.

En présence des mille formes de maladies mentales, qui peuvent traduire autant de déviations de l'innervation, mille moyens aussi peuvent leur être opposés; mais ce n'est ni dans les agents pharmacologiques, ni dans un langage de persuasion et de dissuasion qu'il faut les chercher. Le seul principe de traitement, le seul remède est, comme on l'a dit, la révulsion morale ou intellectuelle; non cette révulsion qui ne connaît que l'intimidation et la discipline, qui n'a de foi que dans les menaces et les corrections; mais cette révulsion qui, à la faveur de l'exemple, éveille, stimule et développe les instincts d'imitation; ou plutôt, c'est encore l'imitation elle-même, s'adressant tour à tour à toutes les puissances de l'organisme, substituant sans cesse à des impressions actuelles plus ou moins exagérées, plus ou moins désordonnées, des impressions nouvelles, capables de les mettre en harmonie avec elles-mêmes ou avec celles qui les dominent [1].

Comme on le voit, l'influence de l'imitation, au double point de vue moral et médical, est immense; elle s'exerce sur tout; elle règne et domine partout; elle tient également sous sa dépendance l'homme physique, l'homme moral, l'homme physiologique, l'homme pathologique, et aucun n'a le pouvoir de s'en affranchir, car elle le modifie, le transforme, le plus souvent à son insu. C'est donc à la médecine autant qu'à l'éducation de l'avertir de sa puissance, de la prémunir contre ses effets, de lui montrer tout ce qu'il doit craindre, tout ce qu'il peut espérer d'elle. C'est à la médecine de comprendre la haute et noble mission que lui impose son alliance intime avec la philosophie et la morale.

[1]. Voyez Dagonet, *Nouveau Traité des maladies mentales*, Paris, 1876.

CHAPITRE VI

L'HABITUDE.

> L'habitude émousse le sentiment, elle perfectionne le mouvement, elle éclaire, elle fortifie l'entendement. P. J.

Aucun mot ne se répète plus souvent dans notre langue et aucun n'est moins défini que le mot *habitude*. Aucun fait n'est plus commun dans l'exercice de la vie, et aucun n'est encore moins connu que le fait d'habitude.

Qu'est-ce donc que l'habitude?

Avant de chercher à la définir, nous commencerons par l'étudier : car si nous parvenions à la faire connaître, elle saurait bien se définir elle-même.

Et d'abord, l'habitude, comme l'instinct, est dans la nature de l'homme et des animaux. Comme l'imitation, elle est une loi de l'état social, et comme l'imitation aussi, elle est une nécessité de la vie humaine.

L'homme, en effet, ne naît pas, ne vit pas dans les conditions physiologiques des animaux. Il n'a point été jeté sur cette terre, à l'état de simple ébauche et de nudité, avec l'insuffisance de ses instincts primitifs, pour y être abandonné à lui-même, sans secours, sans protection, sans appui. Toutes ses imperfections même témoignent assez de sa nature perfectible, de sa destinée sociale, de sa fin morale. Et que deviendrait-il, si, tout en sortant des mains de la création, il n'était remis providentiellement aux soins tutélaires de la famille et de la société; si l'éducation ne le prenait, au début de la vie, pour aller au-devant de ses premiers instincts, pour lui apprendre à sentir et à souffrir; si une seconde nature, tout aussi puissante que la première, si l'habitude n'était là aussi pour l'aider à vivre, pour atténuer chaque jour la vivacité de ses premières impressions et les mettre en harmonie avec sa sensibilité, le prémunir, le défendre contre toutes les causes qui se disputent alors sa frêle existence?

I. — *Premiers effets de l'habitude.*

L'habitude! quelle influence n'a-t-elle pas déjà sur l'homme naissant, et quelle place ne prendra-t-elle pas dans toute sa carrière? habitude de sentiment, habitude de mouvement, habitude d'esprit, habitude de cœur, tout en lui subira la loi d'habitude. La santé et la maladie seront également sous son empire, et, du berceau à la tombe, la vie de l'homme sera tout entière remplie par l'habitude.

C'est l'habitude qui émoussera le tranchant de ses douleurs physiques, qui adoucira l'amertume de ses souffrances morales et le sauvera des mortelles épreuves de la tristesse et de l'ennui. C'est l'habitude qui l'endurcira au travail, à la fatigue, aux privations, à la pauvreté, à toutes les misères de la vie; de même qu'elle saura aussi le refroidir devant l'opulence, le rendre indifférent même à toutes les faveurs de ce monde. C'est l'habitude qui le familiarisera avec l'intempérie des saisons, avec les vicissitudes atmosphériques; elle qui l'acclimatera dans toutes les régions, sous toutes les latitudes du globe; elle qui pourra lui faire acquérir un privilége d'immunité contre la maladie, le rendre même réfractaire aux coups de la contagion, aussi bien qu'aux effets délétères des poisons.

Introduite dans la vie sociale comme faculté active, comme loi morale, l'habitude y réglera nos premiers instincts, les modifiera, les fortifiera ou les dominera pour les conformer à nos besoins et à nos mœurs; elle saura aussi nous élever ou nous abaisser, nous polir ou nous dépraver, aux yeux de nos semblables, à nos propres yeux.

Associée à l'éducation, l'habitude en sera une condition nécessaire, un auxiliaire précieux; elle aplanira les difficultés de l'étude, donnera du développement à la mémoire, de la rectitude au jugement, de la précision et de l'énergie aux mouvements; et c'est ainsi que, s'imposant dans toutes les carrières de travail, elle inspirera des industries et des professions, inventera des machines, construira des édifices, élèvera des monuments, fécondera l'intelligence dans les sciences, les arts et les lettres, ouvrira partout des voies de progrès à la perfectibilité humaine.

Mais dans cette course plus ou moins longue, qui mesure déjà la vie de l'homme, l'habitude aura aussi ses faiblesses, ses égarements, ses dangers même qu'il faut prévoir et redouter pour les destinées humaines, car on s'accoutume au mal comme au bien, à l'erreur comme à la vérité, au vice comme à la vertu; et tel sera pour l'intelligence un des trop fréquents effets de l'habitude, qu'elle saura l'entretenir dans des préjugés de routine et d'ignorance, dans des pratiques aveugles, en présence des progrès, des innovations, de toutes les conquêtes de la science; tel sera aussi pour la morale un redoutable écueil de l'habitude, qu'elle se complaira souvent dans une perfide oisiveté d'où peuvent naître tous les genres d'intempérance et de vice; et tel sera même son aveuglement, à l'égard de la santé, qu'au mépris de la raison, elle saura l'entraîner dans des écarts qui la mineront sourdement et la conduiront fatalement à sa ruine.

Et combien aussi de mécomptes et de déceptions dans l'habitude, quand elle poursuit des espérances toujours vaines, toujours fugitives, quand elle voit disparaître, dans la réalité, des rêves de bonheur qu'elle avait pu ravir à l'imagination, quand elle n'a su donner de véritables jouissances que pour en rendre les privations plus cruelles, et quand enfin, arrivée à la satiété de toutes ses convoitises, elle n'en aperçoit plus que le vide et le néant, tombe dans l'indifférence, dans le dégoût et le mépris de la vie, si ce n'est dans le besoin du suicide !

L'habitude est donc encore un sujet d'étude bien digne de toutes les méditations de la philosophie, bien digne aussi de toutes les sollicitudes de la médecine, et, ce qui doit le plus étonner, c'est de voir les physiologistes et les moralistes se donner, pour ainsi dire, le mot pour en parler souvent, mais sans en rien dire.

* * *

Pour traiter la question d'habitude à tous ses points de vue, il faudrait, je le sais, transporter la biologie tout entière dans l'idéologie : il faudrait décomposer l'homme physique, l'homme moral, l'homme intellectuel, jusque dans leurs éléments les plus intimes ; il faudrait saisir les liens de corrélation qui les unissent et qui les enchaînent solidairement dans leurs actes respectifs, dans leur but commun. Il faudrait être tout à la fois Bichat, Descartes, Newton; mais pour rester dans les termes de notre programme, dans les seules limites de l'observation, il nous suffira encore de prendre les faits tels qu'ils se présentent naturellement à l'esprit, dans l'ordre physiologique, et d'en déduire, s'il se peut, quelques conséquences pratiques.

Nous sentons par habitude, nous agissons par habitude, nous pensons par habitude, et c'est sur ce trépied de la vie que se pose tout entière la question que nous avons à étudier comme pouvant intéresser plus spécialement l'hygiène et la médecine.

II. — *Habitudes des sens.*

Et d'abord, il faut bien le dire, sans l'habitude, il n'y aurait pas de sensations proprement dites, il n'y aurait que des impressions vagues, confuses ou douloureuses : l'enfant ne salue le jour pour la première fois que par des cris de souffrance; le seul contact de l'air irrite tous ses organes, sans lui permettre de sentir; la lumière inquiète et tourmente ses yeux, sans qu'il puisse voir; le bruit étonne et assourdit ses oreilles, sans qu'il entende; toutes les émanations odorantes qu'il respire ne font que susciter en lui l'éternument, le hoquet et la toux, sans qu'il perçoive les odeurs, et le toucher lui-même, le sens rectificateur des autres sens, le sens intellectuel par excellence, le toucher ne pouvait être que le fruit de l'éducation et de l'habitude.

*
* *

Que si nous reprenons chaque sens en particulier, nous trouvons pour tous également des effets nécessaires d'habitude dans leur exercice : et, pour la vue d'abord, il ne suffisait pas pour voir que l'enfant reçût l'impression de la lumière, il fallait qu'il apprît à diriger ses regards vers tel point éclairé, de manière à ne fixer qu'un seul objet, bien qu'il reçoive en même temps l'impression de deux images. Il fallait aussi, pour voir dans l'obscurité comme dans l'éclat du jour, qu'il prît l'habitude de donner à ses paupières le degré d'ouverture nécessaire, afin de n'admettre que la quantité de lumière affectée à la vision. Il fallait même que l'habitude lui apprît à saisir la distance voulue entre l'objet visible et la rétine, afin de régler la loi de réfraction des rayons lumineux sur la conformation individuelle du globe oculaire; toute infraction à ce concours de conditions aurait pu rompre l'axe visuel, opérer des diffusions de lumière, donner lieu à des anomalies de la vision, même à des déformations de l'œil.

C'est par l'habitude, d'ailleurs, que les yeux apprennent à distinguer les nuances et les combinaisons de couleurs, à saisir les effets de perspective dans la contemplation de la nature, dans la distribution des figures, des objets et des ombres d'un tableau, à apprécier les beautés de l'art dans la peinture et la sculpture. C'est aussi par l'habitude qu'un lecteur embrasse d'un seul coup d'œil toute une phrase de caractères d'impression pour la faire passer dans son esprit, avant de l'émettre devant un auditoire; de même que c'est par l'habitude qu'un musicien déchiffre si facilement une page de musique et aperçoit si rapidement l'effet harmonique d'une partition ou d'une symphonie.

Et n'est-ce pas encore comme fruit précieux d'habitude, qui équivaut souvent à une science intuitive dans sa pratique, que le médecin apprend à lire sur la physionomie d'un malade, à découvrir dans l'analyse de ses traits le genre d'affection dont il est atteint, à déterminer le siége et la gravité du mal, avant même d'avoir invoqué tous les moyens d'exploration dont il peut disposer pour éclairer son diagnostic et son traitement?

*
* *

— Pour l'ouïe, comme pour la vue, l'épreuve de l'habitude est également indispensable : il faut aussi, pour entendre, que l'habitude ait pu mettre d'accord l'instrument de l'audition avec le degré d'intensité du son ; il faut qu'elle ait su donner à la membrane du tympan la tension voulue pour en recevoir l'impression dans une juste mesure, et cette loi, quoique inaperçue dans les rapports sociaux, est de rigueur jusque dans les conversations intimes, où le sourd n'entend guère que les personnes qui ont l'habitude de lui parler, même à voix basse, et dont le son de voix a pu se mettre en harmonie avec son ouïe.

C'est aussi par habitude, et par une habitude purement passive, que l'oreille apprend à juger la distance des lieux et des objets, par les degrés d'intensité et d'acuité du son; qu'elle parvient à suivre l'articulation et l'enchaînement des mots dans le mécanisme de la parole; qu'une oreille vulgaire même sait distinguer les nuances de son de la gamme, sans avoir aucune connaissance de la musique, et sans avoir aucune idée théorique des vibrations sonores et des lois de l'acoustique; il y a lieu de croire même que, livrée à la seule puissance instinctive, l'oreille ne concevrait pas de fausses notes, comme il arrive de l'effet imitatif d'une interlocution qui a pu rompre l'échelle diatonique de la voix et donner lieu à une fausse intonation qui peut persister indéfiniment, se traduire ainsi en une habitude de parler et de chanter faux (Maine de Biran).

Pour bien entendre, l'habitude de bien écouter est aussi nécessaire que celle de bien regarder pour bien voir; mais il est des oreilles, comme il est des yeux, que domine l'habitude de la distraction et qui, incapables d'attention sérieuse, n'entendent que très-imparfaitement et ne tirent de leur audition que des résultats incomplets, que des jugements faux ou mal éclairés.

Ai-je besoin de dire aussi combien le sens de l'ouïe peut être précieux pour le médecin qui a su acquérir l'habitude de l'exercer dans sa pratique, quelles lumières il pourra lui offrir, en l'absence même de tous troubles fonctionnels, dans la recherche d'une maladie qui a pu échapper aux autres sens, et qui lui permettra de déterminer avec une précision toute mathématique son siége, son étendue, ses limites, d'apprécier ainsi les chances de curabilité, l'opportunité des médications, de prévoir même le sort des traitements.

— Il a bien fallu aussi que l'homme apprît par habitude à sentir et à distinguer les diverses émanations de l'air pour atteindre le but physiologique de l'odorat; moins privilégié que les animaux pour l'exercice de ce sens, il n'a d'abord qu'une faible idée des odeurs et la condition d'éducation ou d'habitude lui était nécessaire pour apprendre à les discerner, à rechercher celles qui lui sont agréables, à fuir celles qui lui sont nuisibles ou même dangereuses; mais avec les progrès de l'âge, avec l'habitude, l'odorat peut acquérir, chez l'homme même, toute la finesse qui est l'attribut plus spécial de certains animaux; il pourra aussi suppléer d'autres sens, la vue même dans l'obscurité; il permettra à l'aveugle de franchir le foyer domestique et de se guider dans des excursions lointaines par les seules émanations odorantes des lieux qu'il parcourt. Il pourra même, si l'on en croit les voyageurs, permettre à certains peuples sauvages, qui ont appris à l'exercer, de suivre à la piste le gibier, d'éclairer le chasseur, de distinguer la trace d'un blanc de celle d'un noir, l'odeur d'un Africain de celle d'un Européen (Lecat).

C'est l'habitude ou l'éducation spéciale de l'odorat qui a su créer l'art du parfumeur, cet art qui, d'antique origine, ne vieillit guère que pour dissimuler son âge, avec les progrès de la civilisation, pour accroître chaque jour son domaine dans de nouveaux produits, les varier, au gré des sens, des goûts individuels, de l'opinion et du caprice, dans des raffinements contre lesquels l'hygiène a dû souvent protester [1].

Mais l'odorat, comme on le sait, n'est pas seulement un sens de luxe affecté à la vie de relation, il est aussi un sens conservateur de la vie nutritive. Il est le sens de l'appétit, ou, comme l'a dit Buffon, la sentinelle des saveurs. On ne confie rien à l'estomac qui n'ait subi l'épreuve de l'olfaction ; on flaire les aliments avant de les goûter, comme on les goûte avant de les livrer à l'estomac ; ce qui a pu faire dire à Rousseau que le sens de l'odorat est au goût ce que le sens de la vue est au toucher. Il le prévient, en effet, il l'avertit à l'avance des impressions qu'il doit recevoir du contact des substances alimentaires.

Il n'est donc point indifférent, comme principe d'hygiène, de conserver à l'odorat toute sa pureté d'action physiologique, et ce n'est pas en abusant de tous les genres de stimulants directs et capables

---

[1]. Piesse. *Des Odeurs, des Parfums et des Cosmétiques.* 2ᵉ édition. Paris, 1877.

d'émousser la sensibilité de la pituitaire; ce n'est pas surtout, en bourrant habituellement les narines d'une poudre irritante, âcre, stupéfiante et si gratuitement introduite dans nos mœurs, qu'il est permis de l'espérer; loin de là, une expérience trop vulgaire a pu démontrer que le plus ordinairement l'habitude de priser entretient un coryza permanent, qui pervertit et anéantit même le sens de l'odorat, sans préjudice d'ailleurs d'autres inconvénients plus graves que l'observation n'a pu que trop souvent signaler comme effet de l'abus du tabac [1]; et ce n'est certainement pas le médecin qui pourrait les ignorer, ni lui qui pourrait méconnaître tous les avantages qu'il peut trouver de l'application de l'odorat dans sa pratique.

C'est avec l'odorat, disait Bordeu, que j'ai appris à distinguer la nature des maladies, par l'odeur spécifique des sécrétions, plus encore que par tous les moyens les plus ingénieux d'exploration; et, en effet, tout praticien qui a su conserver l'intégrité de ce sens et qui sait en faire une intelligente appli-

---

[1]. Voyez P. Jolly, *Le Tabac et l'Absinthe*. Paris, 1875.

cation, distinguera toujours facilement l'odeur *sui generis* qui émane du plus grand nombre des maladies. Le médecin ne saurait donc assez se pénétrer d'un précepte d'école trop négligé de nos jours, à savoir : que les disciples d'Hippocrate devraient être aussi des disciples d'Épicure, sinon pour leur philosophie et leur morale, du moins pour l'éducation et le perfectionnement de leurs sens.

*
* *

— Le goût ne saurait non plus se passer d'habitude. Il ne lui suffit pas qu'une substance sapide touche une première fois le palais pour qu'il puisse en déterminer la nature; il en demeurera incertain jusqu'à ce qu'il ait appris à se connaître, à se juger, et ce n'est que par l'habitude qu'il saura déterminer une saveur insolite, saisir le degré de sapidité des aliments, régler le choix, l'opportunité, la qualité, la quantité des condiments. On ne fait pas un Vatel d'emblée, comme on n'improvise pas non plus ces habiles gourmets qui ont su acquérir par l'habitude de la dégustation l'art de découvrir l'origine, l'âge, la nature, la pureté, le mélange ou l'altération des divers crus du vin ; art auquel nous rendons une sorte d'hommage, quand nous invoquons officiellement, en vue d'expertise, son témoignage et son jugement.

Mais si le sens du goût peut acquérir un tel degré de perfection par de sages et intelligentes habitudes, il peut être affaibli, perverti, anéanti par des habitudes contraires, et, comme témoignage de cette vérité, demandez-le à tous ceux qui se vouent tout à la fois et sans mesure au culte du tabac, de l'absinthe et de tous les spiritueux, et tenez déjà pour certain qu'ils ne sentent plus rien, absolument rien que des effets d'irritation locale, qui se sont substitués à la sensation du goût, et qui n'attendent que les dégénérations organiques, qui en sont un si fréquent résultat.

*
* *

— L'homme est sans contredit, de tous les animaux, le plus favorablement organisé pour apprécier les propriétés tactiles des corps qui l'environnent; il est celui qui en reçoit le plus naturellement et le plus directement les impressions, celui qui pouvait le mieux trouver en lui-même un thermomètre capable de l'éclairer, de l'avertir, de le prémunir contre toutes les atteintes du dehors, contre toutes les variations de température, s'il avait su le consulter plus à propos, obéir plus fidèlement à ses conseils; mais sa nature comme sa condition sociale lui imposaient, tout en naissant, des habitudes de vêtements, capables de l'isoler du contact direct des corps extérieurs, capables d'en modifier les impressions, d'en atténuer les effets; et de là toute une hygiène plus facile à concevoir qu'à observer; de là, cette suite d'habitudes qu'il a fallu subir ou s'imposer pour se conformer à la condition du vêtement, pour l'approprier aux âges, aux sexes, aux tempéraments, aux saisons, aux climats, aux changements de température, à toutes les exigences de la condition sociale, même à celles de la mode; toutes circonstances qui impliquent autant d'habitudes individuelles, autant de prédispositions morbides, d'où résulte déjà comme fait d'expérience bien acquis à l'hygiène, que plus les surfaces tégumentaires demeurent habituellement en contact avec les corps extérieurs et plus la sensibilité tactile s'émousse au point de rendre, pour ainsi dire, inconscientes toutes ses impressions ; plus, au contraire, le sens du tact reste soustrait aux influences du dehors, et plus il acquiert de susceptibilité, par conséquent d'aptitude aux dérangements des fonctions de la peau, à des troubles plus ou moins graves de la santé.

Il existe de telles sympathies physiologiques entre la peau et tout l'organisme, qu'il y a là toute une pathologie de solidarité offerte à l'étude du praticien. Pour se convaincre de cette vérité, il suffira d'opposer l'habitant des villes subissant avec les exigences sociales les moindres influences des vicissitudes atmosphériques, à l'homme des champs, à l'artisan, au manœuvre, qui, s'affranchissant le plus ordinairement de toute habitude de vêtement, peuvent traverser impunément tous les excès de température et donner ainsi un semblant de raison à l'immortel auteur d'*Émile* sur des préceptes d'éducation physique, qui ont pu trouver de sévères critiques au point de vue philosophique, mais que l'hygiène a dû accueillir souvent avec une juste faveur.

※

Confiné spécialement à la main, le toucher proprement dit n'est plus seulement un sens thermométrique, mais un sens géométrique ; il n'est plus seulement un sens affecté à la vie de relation, mais un sens intellectuel, un sens capable d'acquérir par l'habitude un degré de perfection que nul être ne saurait plus lui disputer. Lui aussi tiendra lieu bien souvent des autres sens et, au besoin, saura toujours les rectifier ; lui aussi saura permettre à l'aveugle de se guider par la seule lumière de ses doigts, même de discerner les nuances de couleur d'un tableau, de saisir les caractères d'impression et de lire pour ainsi dire avec ses doigts comme d'autres lisent avec leurs yeux.

De savants antiquaires devenus aveugles ont pu distinguer par le toucher une médaille fausse d'une médaille vraie ; d'habiles sculpteurs également frappés de cécité dans leur carrière, ont pu continuer, achever avec bonheur des chefs-d'œuvre d'art et témoigner ainsi de cette merveilleuse clairvoyance du toucher acquise par l'habitude.

Et n'est-ce pas assez dire combien le sens du toucher, bien compris et intelligemment exercé, peut fournir de lumière au médecin dans sa pratique, avec quelle sûreté de tact le chirurgien surtout saura, à l'aide de ce sens, procéder à la recherche d'une lésion inaccessible à la vue, éclairer souvent son diagnostic plus sûrement encore que par la vue même toute armée d'instruments d'optique.

* * *

Mais là ne se bornent pas encore les précieux effets de l'habitude du toucher. Associé au mouvement des doigts, le toucher pourra devenir, comme l'a dit Galien, l'instrument des instruments; il pourra écrire, peindre, sculpter, ciseler, mettre en œuvre toutes les conceptions du génie; il pourra créer une autre nature dans la nature même, suivant l'heureuse expression de Cicéron : « *Efficere nostris manibus quasi alteram naturam in rerum naturâ.* » Mais tout cela ne devait être encore que le fruit de l'habitude.

III. — *Habitude des mouvements.*

La première fois que nous exécutons un mouvement quelconque des doigts, il est incertain, difficile, imparfait, mais l'habitude saura le rendre chaque jour plus précis, plus facile, même à notre insu. Le jour où l'enfant apprend à écrire, il ne trace qu'avec peine des lignes plus ou moins régulières ; mais l'habitude bien dirigée en fera bientôt un habile calligraphe. Si un jour il apprend le piano ou le violon, ses doigts ne seront pas moins embarrassés d'abord pour chercher des notes sur son instrument ; mais avec l'habitude acquise sous les yeux d'un maître intelligent, il saura également les trouver sans les chercher, il saura les faire entendre, tout aveugle qu'il pourrait être, avec une précision, une brièveté de mouvement presque magique ; et c'est ainsi que l'habitude a su faire aussi des virtuoses.

*
* *

La loi d'habitude s'applique d'ailleurs et avec plus ou moins de succès et de bonheur à tous les exercices musculaires ; aucun d'eux n'a d'abord la netteté, l'énergie que lui donnera l'habitude. Apprendre une science, un art, une industrie, un métier quelconque, c'est, comme on a pu le dire, contracter une habitude, et ce n'est qu'à cette condition que l'on acquiert les qualités qui font le savant, l'artiste, l'artisan, le bon ouvrier.

Mais il ne faut pourtant pas l'oublier, aucun exercice musculaire ne saurait se passer de repos, et, pour être efficace et réparateur, le repos lui-même, comme le travail, a besoin d'être réglé par l'habitude, aussi bien chez les animaux que chez l'homme ; et lorsque, dans ses plus beaux jours, la Convention décréta l'abolition du dimanche pour lui substituer comme jour de repos le décadi, ce ne fut pas sans peine, dit Chateaubriand, qu'il fallut contraindre les animaux de ferme à se conformer au décret ; il arriva même que des communes entières de la Bretagne eurent à faire valoir, comme moyen de défense de leur infraction à la loi, le refus opiniâtre de leurs bœufs au travail du dimanche.

*
* *

— Quoique placés dans la profondeur de l'organisme, et soustraits à l'influence directe des causes extérieures, ainsi qu'à l'empire de la volonté, tous les organes de la vie intérieure ou nutritive subissent plus ou moins des effets d'habitude. Tous reçoivent avec la vie même leur principe d'activité et de mouvement, mais une fois mis en exercice, ils demeurent soumis à la loi commune, bien qu'à des degrés différents, et l'on a peine à comprendre que Bichat ait pu dire le contraire. Il est même assez digne de remarque que toutes les habitudes de la vie nutritive sont plus fidèles à elles-mêmes et souvent aussi plus impérieuses que celles de la vie de relation. Il faut aux sens externes, comme nous l'avons dit (*curiosité*), des variétés d'impressions qui puissent se succéder et se substituer pour ne pas tomber dans l'indifférence. Il faut aux yeux de nouveaux tableaux, de nouveaux spectacles, même de nouvelles modes pour échapper à la monotonie ; et c'est pour répondre à ce besoin physiologique que le théâtre, les arts, l'industrie, les villégiatures leur préparent l'attrait de nouvelles sensations par de nouvelles surprises.

L'oreille ne supporterait pas longtemps les mêmes impressions auditives ; la plus douce, la plus touchante harmonie la trouverait bientôt indifférente à tous ses charmes, si elle ne savait les varier ou lui en ménager d'autres dans de nouvelles compositions.

Pour flatter l'odorat, il faut aussi lui opposer de nouvelles odeurs. Sentir la même odeur, c'est encore ne plus sentir ; « mon sachet de fleurs, dit Montaigne, sert d'abord à mon nez, mais après que je m'en suis servi plusieurs jours de suite, il ne sert plus qu'au nez d'un assistant. »

*
* *

Il n'en est pas de même des habitudes de la vie nutritive ; elles sont plus durables, plus persistantes, parfois même tyranniques. L'estomac accepte assez indifféremment d'abord tel genre d'aliment ou de boisson qui lui est offert, mais l'habitude lui en fera bientôt une nécessité de régime. Il tiendra à son café, à son chocolat, à son thé, à tout autre aliment de prédilection dont il a pris l'habitude; et pour les heures des repas, l'habitude se chargera encore, chez les animaux comme chez l'homme, de les régler mieux qu'aucun instrument de précision. On sait avec quelle ponctualité les animaux domestiques, même les oiseaux libres, viennent demander chaque jour, à heure fixe, leur réfection; et l'on connaît cet exemple remarquable des pigeons de Venise devenus célèbres pour une fondation qui leur assure, de temps immémorial, le repas du midi. Ils ont si bien appris à mesurer le temps, à compter les heures, les minutes avec leur estomac, que leur apparition quotidienne tient lieu de méridien traditionnel au peuple vénitien.

Rien de plus variable d'ailleurs que les habitudes individuelles de l'estomac pour les intervalles des repas, comme pour les quantités d'aliments qu'ils exigent; il est des estomacs dont le besoin se fait sentir à chaque heure, à chaque instant, d'autres qui restent des journées entières, sans éprouver le sentiment de la faim. De même, il suffit à certains estomacs de très-minimes proportions d'aliments pour subvenir au besoin de l'appétit, tandis que d'autres restent insatiables, même avec des quantités d'aliments qui excèdent les forces digestives ; ce qui veut dire encore que, bien souvent, il y a là aussi des effets d'habitude plutôt que l'expression de besoins réels; et c'est ainsi qu'il existe de ces prétendus appétits manifestement dus à des dispositions physiologiques acquises par l'habitude et que l'on a pu confondre avec cet état morbide connu sous le nom de boulimie ou de faim canine.

Il faut en dire autant de cette soif plus ou moins vive et opiniâtre, qui a pu naître aussi, en dehors de toute cause pathologique, et comme simple effet d'habitude résultant de l'abus incessant de tous les genres de spiritueux [1] ou de celui du tabac [2]. Un autre fait d'observation qui n'a pu échapper à aucun

1. Voy. Jolly, *Études hygiéniques et médicales sur l'alcool et ses composés* (*Bull. de l'Acad. de méd.*, Paris, 1865-1866, t. XXXI, p. 490).
2. Jolly, *Le tabac et l'absinthe*. Paris, 1875.

praticien attentif, c'est cette sorte de polydipsie ou soif habituelle dont on trouve de fréquents exemples chez les enfants, après un travail de dentition, pendant lequel l'allaitement était un besoin continu, et qui reste également acquis à l'état physiologique comme fait d'habitude.

Le poumon ne respire pas indifféremment d'abord un air impur et malsain, mais il en prendra aussi l'habitude, comme l'estomac a pu prendre l'habitude d'un aliment désagréable ou indigeste, comme il a pu prendre celle même d'un poison. Personne ne pourrait penser non plus que le séjour d'une prison, d'un hôpital, de tout milieu encombré ou mal aéré, puisse être une condition de bien-être hygiénique, et pourtant l'habitude pourra aussi le rendre compatible avec la santé. Des sœurs hospitalières, des prisonniers ont pu trouver dans l'air qu'ils respirent des effets d'habitude relativement plus salubres que ceux de l'air pur du dehors, et les faits qui justifient cette vérité sont trop nombreux, trop connus pour qu'il soit nécessaire de les rappeler ici.

Tous les genres de sécrétions et d'excrétions sont

également passibles d'habitude, tous se règlent plus ou moins fidèlement et à des heures périodiques qui varient chez les individus, mais dont l'interruption n'est pas toujours indifférente à la santé, ni même à la disposition morale de certains caractères méthodiques.

Le cœur, ce merveilleux instrument de physique organique, ce chronomètre vivant, qui compte si ponctuellement tous les instants de la vie, le cœur lui-même n'est pas soustrait, comme on pourrait le croire, à l'empire de l'habitude; il ne subit pas seulement celle que la nature lui a imposée, mais aussi toutes celles que lui impriment les conditions d'âge, de sexe, de profession, d'activité, et de repos, qui toutes impliquent autant d'habitudes individuelles de circulation dont il importe encore au médecin de tenir compte dans sa pratique.

Le cerveau, qui, lui aussi, projette la vie à sa manière dans tout l'organisme, qui préside tout à la fois à l'exercice des sentiments et des mouvements, le cerveau, comme on le sait, a également ses habitudes de repos et d'activité, de sommeil et de veille; habitudes qui varient à l'infini pour s'accommoder aux exigences de position et de condition sociale, que la volonté a plus ou moins de peine à maîtriser. On s'endort comme on s'éveille aux heures que l'habitude a su régler, si bien qu'il serait souvent impossible de leur en imposer d'autres, sans se condamner à l'insomnie. On n'est jamais plus apte à l'étude, à la méditation, qu'aux heures que l'habitude elle-même s'est données ; pour telle personne, c'est le matin, pour une autre, c'est le soir ; pour telle autre encore, c'est la nuit, rien que la nuit.

IV. — *Habitudes d'esprit et de cœur.*

La pensée comporte aussi dans son exercice des habitudes que l'on ne saurait méconnaître. C'est par l'habitude que l'on apprend à lire, à écrire, à compter, en se familiarisant avec les signes des langues et du calcul, en les rapprochant dans un ordre d'enchaînement d'où ils acquièrent leur signification grammaticale et leur valeur arithmétique, et en les faisant passer ainsi tout coordonnés dans l'esprit jusqu'à ce qu'ils s'y présentent d'eux-mêmes. Et tel sera l'heureux effet de cette habitude acquise, qu'elle saura trouver, sans les chercher, les mots, les noms, les chiffres qui ont pu échapper à tous les efforts de la mémoire et de la volonté. Il en sera de même de la musique, qui, comme une langue, a ses signes dont l'étude et la lecture ne sauraient non plus se passer d'habitude; et pour le calcul, personne, assurément, ne saurait douter que le mathématicien, qui a l'habitude des chiffres, ne puisse résoudre plus facilement un problème qu'un métaphysicien. Et qui ne sait d'ailleurs avec quelle facilité les hommes de finances procèdent dans la supputation des nombres et le maniement des chiffres?

C'est aussi par l'habitude que la pensée a pu apprendre à mesurer le temps et l'espace, l'espace par le temps, le temps par l'espace. Bien des siècles ont dû s'écouler, sans que l'homme pût avoir d'autre régulateur que l'habitude, pour déterminer la durée et l'emploi de son temps. Aujourd'hui encore, beaucoup de gens n'en ont pas d'autre, et il en est qui par ce seul moyen sauraient disputer la marche du temps aux plus fidèles horloges. Un journal anglais (le *Natural of Stafordhire*) a publié un fait qui en est un exemple bien remarquable. Le répétiteur d'une horloge publique de Londres avait acquis une telle habitude de compter mentalement les heures, pendant son sommeil même, qu'il n'avait plus besoin de sonnerie pour l'avertir des heures de répétition ; et quand l'horloge était dérangée, il n'en continuait pas moins sa mission de répétiteur avec une régularité ponctuelle.

Tous les actes de l'esprit sont passibles d'habitude. Il n'est pas jusqu'à l'éloquence qui n'ait besoin de son intervention. On l'a dit avec raison : il n'y a pas d'improvisateurs proprement dits : *fiunt oratores*. Il n'y a que des habitués de parole plus ou moins heureux, qui ont su acquérir par l'habitude l'art de bien dire, l'art de bien coordonner, de bien enchainer les mots avec les idées, de les soumettre à la règle et à la mesure, de manière à les contenir dans l'ordre et les limites qu'impose le sujet; art complexe, difficile, en ce qu'il implique tout à la fois le concours des puissances mécaniques et de puissances intellectuelles de la parole, ce qui fait que, suivant la part qu'ils savent en faire à leurs discours, les plus éloquents ne sont pas toujours les plus savants, quoique les plus écoutés, mais ceux qui ont le mieux appris l'art de s'écouter eux-mêmes ; ce qui est bien encore une autre difficulté, car pour s'écouter soi-même, il faut que le moi ait su prendre l'habitude de se partager en deux personnes, l'une qui parle, l'autre qui écoute, l'une qui accomplit le mécanisme physiologique de la parole, l'autre qui lui fournit ses éléments psychiques, en même temps que ses inspirations, ses sentiments, ses passions, même ses intonations ; d'où résulte que l'éloquence n'appartient guère qu'à un petit nombre de privilégiés, qui seraient encore plus rares, si l'éloquence ne se produisait bien souvent, avec toutes ses conditions et toutes ses difficultés, à l'insu même de ceux qui l'ont acquise.

Et vous pourrez encore remarquer que ceux-là ont besoin souvent d'un régulateur pour se maintenir dans le cercle de leurs idées. Pour tel orateur, c'est un rouleau de papier qu'il fait mouvoir dans ses mains avec une certaine mesure ; pour tel autre, c'est une plume qu'il roule constamment dans ses doigts ; pour le plus grand nombre, c'est un balancement du corps, un mouvement oscillatoire, un acte de mesure quelconque, devenu aussi nécessaire pour maintenir l'orateur dans le cercle de son discours que le pendule pour retenir le mouvement dans l'arc qu'il décrit. On a même cité comme exemple un célèbre orateur qui, pour régler sa parole, s'accrochait habituellement à une boutonnière qu'il se gardait bien de quitter, avant de descendre de la tribune.

Walter Scott a raconté d'une manière assez piquante comment, étant encore écolier, il fut lui-même le sujet et la victime de ce genre d'habitude. Il ne pouvait apprendre ni réciter ses leçons, sans tenir bien fidèlement dans ses doigts un bouton de sa tunique, qui lui servait, pour ainsi dire, de mnémonique. Un de ses condisciples, curieux d'en constater l'effet, eut l'idée de le lui enlever à l'improviste, au moment où il devait être appelé devant le maître, et l'élève de rester alors tout saisi de mutisme, et le maître, sans autre explication, de lui infliger une sévère punition qu'il dut subir pour celui qui l'avait si bien méritée.

*
* *

Personne ne pourrait douter que l'art d'écrire n'ait aussi certaines exigences d'habitude. L'écrivain ne s'improvise pas plus que l'orateur; on peut avoir toute l'intelligence d'une composition littéraire, être parfaitement initié à la connaissance de la grammaire et de la logique, sans être pour cela un habile écrivain. Il y a un choix d'expressions, un enchaînement de sentiments et d'idées, une coordination de faits et de vues que l'habitude seule permet d'acquérir et de traduire dans un style plus ou moins facile, plus ou moins rapide, où la couleur, les images, le nombre, le mouvement et la grâce ont pu se réunir dans un heureux concert pour faire des Montesquieu, des Bossuet, des Buffon, des Voltaire, des Rousseau, des Chateaubriand, des Lamartine.

Et voyez jusqu'où peut aller la puissance de l'habitude sur la plume de l'écrivain. Il a fallu que ces magnifiques richesses de style que nous admirons dans nos plus célèbres écrivains fussent soumises à l'empire d'une habitude quelconque.

Voltaire, le plus fécond de tous, ne peut écrire une seule ligne sans avoir mis la dernière main à sa toilette. Rousseau, au contraire, ne prend la plume que dans le plus simple négligé du matin, à peine vêtu ; et c'est en subissant bien souvent les rigueurs du froid qu'il s'inspire des plus nobles sentiments, des pensées les plus élevées, et qu'il écrit les plus éloquentes pages qui puissent s'offrir à notre admiration. Il faudra aussi que, pour écrire, Buffon ait achevé sa toilette de cour, et il faudra, de plus, qu'il s'isole de la clarté du jour, et qu'en plein midi son cabinet soit fermé à la lumière et au bruit du dehors.

Autre exemple.

Le plus grand philosophe de l'Allemagne, l'illustre Kant, ne peut se livrer à ses méditations philosophiques sans avoir jeté des regards de contemplation sur l'antique château de Kœnigsberg, et ce n'est qu'en s'inspirant, chaque matin, des impressions de ce spectacle qu'il peut se mettre à l'œuvre. Hors de son cabinet, Kant n'essayera pas même de prendre la plume. Il faut pourtant qu'un jour il s'en éloigne pour un voyage de plusieurs mois, pendant lequel tous ses travaux restent interrompus ; mais quelle déception n'éprouve-t-il pas, lorsqu'en rentrant chez lui, il n'aperçoit plus cette perspective qui faisait le charme de son cabinet, et qui tenait pour ainsi dire le secret de ses savantes méditations : un rideau de peupliers s'élevant d'un jardin voisin avait pris assez de développement en quelques mois pour dominer la vue du château de Kœnigsberg, et le génie de Kant en reste tout frappé d'impuissance, jusqu'à ce que le propriétaire du jardin ait pu complaisamment le lui rendre, avec le spectacle de ses tours et de ses hiboux.

Comme beaucoup d'autres philosophes, Kant était d'ailleurs homme d'habitude jusque dans les détails de sa vie intérieure. Il ne pouvait ni penser ni écrire en présence de quelqu'un ; mais il ne pouvait dîner seul ; il lui fallait toujours un ou plusieurs convives pour se mettre à table, dût-on en appeler du dehors, même d'inconnus ; pour le déjeuner, c'était tout différent ; il tenait à être seul, toujours seul ; il prenait habituellement son thé tout en travaillant. Un jour qu'il reçut, à l'heure de son déjeuner, la visite d'un ami qui ignorait sans doute qu'il n'y avait de convives chez lui que pour le dîner, Kant en fut tellement troublé, qu'il pria très-poliment son ami de se retirer dans une pièce voisine pour y partager son thé, mais de manière qu'il ne puisse l'apercevoir ; et le convive de se prêter docilement au désir de Kant, sans en être nullement blessé (Victor Cousin).

En présence de tant de chefs-d'œuvre d'art et de génie, où l'habitude joue un rôle si puissant et si nécessaire, qui pourrait dire que toute habitude est un mal, et un mal dont il faudrait toujours savoir s'affranchir? Où est-il donc le mal dans ces habitudes qui président si merveilleusement à l'exercice, au développement, au perfectionnement de tous les actes physiologiques? Vouloir les interdire, ce serait rompre avec la vie même, en tant qu'elles impliquent l'activité et le mouvement, car le repos n'est pas dans la nature vivante; il n'est que dans l'alternance et la variété des occupations physiques, morales et intellectuelles, comme l'a si justement dit le philosophe de Genève. Il faut à l'homme du mouvement jusque dans ses loisirs, et ce n'est qu'à cette condition qu'il peut vivre, qu'il peut même prolonger sa carrière au delà de la vie moyenne. L'homme de travail, le savant, l'artiste, l'artisan, l'industriel, le négociant, qui tous aspirent à une retraite bien acquise, s'affaissent bientôt et tombent dans ce repos même qu'ils ont convoité, pour ne plus se relever.

> Vous voulez du repos : combien vous avez tort !
> Le travail c'est la vie, et le repos, la mort.

L'homme d'étude qui a vieilli dans l'habitude du travail intellectuel sait également survivre à la décadence de l'âge, fournir une carrière qui dépasse bien souvent aussi la moyenne, et les exemples ne manquent en aucun temps pour le prouver. Homère, Sophocle, Parménide, Platon, Cicéron, Fontenelle, Voltaire, et bien d'autres encore, en sont de beaux et frappants témoignage. Et parmi les contemporains, combien aussi n'en pourrais-je pas compter, s'il m'était permis de pénétrer sans indiscrétion dans le sanctuaire des Académies, pour y signaler de magnifiques exemples de virilité intellectuelle, chez ceux-là mêmes qui ont su vieillir dans l'habitude du travail. Le médecin lui-même, l'homme d'étude et de pratique, l'homme d'incessante activité de corps et d'esprit, le médecin pourrait-il donc tant craindre de donner aussi son expérience, sa vieillesse, sa vie tout entière à sa profession, même avec tous les sacrifices qu'elle lui impose, même avec toutes les épreuves physiques et morales qui en sont inséparables ?

⁎
⁎ ⁎

L'habitude ne pénètre que trop facilement aussi dans le cœur humain ; elle s'y complaît à nourrir, à entretenir toutes les dispositions morales qui peuvent l'affecter ; à y faire naître, à y développer tous les caractères individuels, qui ne sont encore que des habitudes d'esprit et de cœur ; on est heureux ou malheureux par habitude, comme on est bienveillant ou malveillant, craintif ou confiant, généreux, compatissant ou égoïste par caractère. Prétendre encore bannir du cœur humain de telles habitudes, ce serait vouloir anéantir l'homme moral ; ce serait lui faire abdiquer sa nature, sa condition, sa dignité ; ce serait même lui enlever le seul refuge où il puisse resserrer ses quelques illusions de bonheur. Si je savais trouver le bonheur quelque part, dit Chateaubriand, je le chercherais dans l'habitude du cœur; c'est là, en effet, et là seulement qu'il faut espérer le rencontrer, et dût-on ne l'y trouver qu'avec bien des amertumes, nul ne saurait songer à lui fermer un tel accès.

Où sont donc les habitudes dont il faille s'affranchir? Ne craignons pas de le dire : elles ne sont encore que trop nombreuses et trop patentes; elles sont dans l'oisiveté et dans ses plus tristes fruits ; elles sont dans tous les écarts de l'hygiène, dans toutes les déviations des actes physiologiques de sentiment et de mouvement. Elles sont dans tous les genres d'intempérance, dans tous les déréglements de conduite et de mœurs, car c'est de là que nous viennent si fréquemment les maladies ; et c'est de là que naissent si souvent aussi les habitudes morbides qui s'acquièrent à notre insu, qui se combinent par tolérance pour devenir même nécessaires à l'organisme, comme fait d'habitude dans l'exercice de ses fonctions.

V. — *Habitudes morbides.*

Alors même que la maladie n'a point passé sur les organes, le temps seul, comme le dit Michel Lévy [1], l'inexorable temps détériore par degrés leur structure et leur jeu ; les actes physiologiques s'affaiblissent et s'éteignent, des états morbides surviennent comme résultats d'efforts désespérés de la puissance conservative et ce qui eût été danger à une autre époque de la vie, devient habitude nécessaire pour le moment.

C'est en voyant, dit le même auteur, tous les organes soumis à des habitudes physiologiques, que l'on ne saurait douter de leurs aptitudes pathologiques. Il en est même qui s'acquièrent à volonté ; telles sont certaines fièvres intermittentes, et comme exemple bien remarquable, tel est le fait observé et raconté par Brachet, de Lyon, qui allant, chaque jour, à la même heure, sous une température de 5°, prendre un bain d'immersion dans le

---

[1]. M. Lévy, *Traité d'Hygiène.* 5e édit. Paris, 1869, t. I, chap. vi.

Rhône, en vue de réaction fébrile, acquit ainsi une fièvre intermittente quotidienne parfaitement déterminée, comme effet de cette réaction qu'il se proposait et qu'il dut ensuite conjurer par des antipériodiques, même après avoir cessé tout usage du bain froid.

Combattre, au nom de l'hygiène, toutes les habitudes qui portent atteinte à la santé, n'est que simple raison et prudence, et quel que soit leur empire, elles ne sauraient être justifiées ni autorisées, pas plus que celles des poisons. L'hygiène elle-même saura d'ailleurs en régler la suppression par de sages conseils, et par d'efficaces mesures ; elle saura toujours éclairer ceux qui prétendraient les consacrer sous de vains et spécieux prétextes.

Combattre des habitudes qui blessent à la fois la morale et la société, qui dégradent et avilissent la dignité de l'homme, n'est plus seulement raison et simple bon sens, c'est un devoir et un devoir devant lequel toute habitude de ce genre doit fléchir, quelque tyrannique qu'elle soit. Si elle est récente, si elle se rencontre dans le jeune âge, la tâche sera toujours plus facile, et l'éducation seule pourra en faire justice, car elle n'est alors qu'un fil de soie facile à rompre, comme l'a dit un illustre écrivain; mais si elle est ancienne, invétérée, si elle asservit le vieillard, elle est une chaîne qui sait résister davantage aux efforts de la raison ; et néanmoins, aux yeux du sage, aucune ne peut être réputée absolument réfractaire ou indomptable. L'homme reste toujours libre sous l'oppression de ses habitudes, comme sous la servitude de ses passions. Toutes ne sont que des épreuves contre sa puissance volitive, et si la lutte est déjà une vertu, le succès sera une victoire.

CHAPITRE VII

DE LA MÉMOIRE.

> « On accuse sans cesse et sans scrupule les infidélités de sa mémoire, mais jamais les erreurs de son jugement. »
> La Rochefoucault.

La mémoire est encore un sujet d'étude bien digne de toutes les méditations du philosophe et du médecin. Elle est, comme on a pu le dire, le registre vivant, le répertoire toujours ouvert aux impressions du moment pour les besoins de l'avenir dans le commerce de la vie.

C'est là, en effet, que nous nous adressons pour retrouver les personnes, les objets, les faits, les idées, les images, tout ce qui a pu passer sous nos yeux, tout ce qui a pu traverser notre esprit, tout ce qui a fait la vie des siècles pour disparaître dans l'oubli du temps ou demeurer à l'ombre de la tradition.

C'est là aussi que l'intelligence puise tous ses éléments d'activité pour l'exercice de la mémoire dans les manifestations de la pensée et les besoins de la parole, et c'est là que l'imagination sait les prendre pour les féconder, les façonner à son gré pour l'usage du discours, de l'éloquence et de la poésie.

On voit déjà quelle immense place la mémoire sait prendre dans l'exercice de la vie. Sans elle, en effet, tout serait interrompu dans le cours des destinées humaines, il n'y aurait plus de passé, plus d'avenir, plus d'héritages d'aucune sorte, plus d'aïeux, plus de famille, plus de société, plus de science, plus d'art, plus d'industrie, le monde entier serait comme frappé de mort, dans un perpétuel mutisme.

La mémoire n'est point une faculté simple et indivise; elle relève également de l'instinct et de l'intellect, et de là une mémoire *instinctive* et une mémoire *intellective* que l'on ne saurait confondre.

I. — *De la mémoire instinctive.*

Comme faculté primordiale de la vie instinctive, la mémoire n'est point le privilége exclusif de l'homme. Tous les animaux sont doués de cette faculté dans la mesure de leurs instincts de conservation, et pour s'en convaincre, il suffit du simple témoignage de l'observation ; il suffit de voir que tous gardent fidèlemeut le souvenir des périls qu'ils ont encourus, comme celui des lieux où ils ont trouvé leur salut, comme celui des personnes qui veillent à leur nourriture. Le renard qui a été pris dans un piége, le lièvre qui a échappé au plomb du chasseur, ne l'oublient pas ; et nous ne pourrions douter de la mémoire de nos animaux domestiques, en les voyant craintifs ou défiants suivant les traitements qu'ils reçoivent de nous. La seule présence des personnes et des objets qui les leur rappellent, suffit pour nous donner la preuve de leur mémoire.

Non-seulement les animaux ont de la mémoire, mais ils ont, si je puis le dire, la logique instinctive de leur mémoire. Ils ont, pour la rendre bien évidente à nos yeux, outre leur mimique d'expression, des calculs, des combinaisons, des prévoyances qui dépassent bien souvent toute intelligence humaine. *Marphyse*, la chienne bien-aimée de madame de Sévigné, que l'on a donnée pour exemple d'intelligence des animaux, Marphyse avait tout cela pour protester contre son automatisme, et elle avait plus que cela pour mériter toute l'affection de sa maîtresse; elle avait du chagrin de son absence, elle en calculait la durée avec une impatience visible, avec des yeux tout larmoyants et toujours fixés sur la voie du carrosse qui devait lui ramener sa chère maîtresse. Elle était indifférente aux caresses d'autres personnes, et c'est à peine si elle acceptait sa nourriture d'autres mains que de celles de sa maîtresse.

Il y avait bien là de quoi inspirer à madame de Sévigné cette vive exclamation qu'elle fait éclater dans une de ses lettres à madame de Grignan, l'ayant trouvée quelque peu disposée à défendre le cartésianisme. « Quoi, dit-elle, un animal qui pense, qui aime, qui recherche les caresses, qui est passible de chagrin et de tristesse, d'amour et de jalousie, en faire une machine ! en vérité, monsieur Descartes n'a pu prétendre nous le faire croire; demandez donc au cardinal ce qu'il en pense. » Nous ignorons encore ce qu'a pu en penser le cardinal, mais pour dire ici ce que nous en pensons nous-mêmes, non, Marphyse n'est point une machine, non, les animaux ne sont point des automates; mais Marphyse, avec toute son intelligence, avec toute sa tendresse de cœur et quoique élevée dans le sein d'une société d'élite, où elle pouvait trouver tous les éléments d'une fine éducation, avec toutes ses allures de courtoise urbanité, Marphyse ne sait ni parler, ni lire, ni rien comprendre des entretiens et d'une correspondance dont elle est l'objet; elle demeure inattentive, impassible à tous les hommages, à toutes les formes d'étiquette, de politesse et de langage qui se passent en sa présence. Elle ne comprend pas plus les pratiques de religion dont elle est témoin; tous les insignes de culte et de foi qui passent sous ses yeux, aussi bien que l'exemple de la prière, la trouvent complétement indifférente; elle est impie sans le vouloir, athée sans le savoir, et pour tout dire, en un mot, Marphyse n'a su rien conquérir comme fruit d'une éducation tout exceptionnelle qui puisse l'élever au-dessus de sa nature et de sa condition primitive; et quoi qu'en dise le physicien de Nuremberg, elle ne saurait se prévaloir d'aucun avantage intellectuel sur l'universalité des animaux. (*Lettres sur les animaux.*)

Tous, en effet, ont de la mémoire, et bon nombre sont capables d'affection, de caresses, de dévouement et de reconnaissance, et je n'ai aucun scrupule à dire qu'ils ont une intelligence relative, de la prudence, du jugement; qu'ils ont d'ingénieuses combinaisons pour se prémunir contre toutes les menaces de leurs ennemis, qu'ils ont de sages prévoyances pour s'assurer leur nourriture et celle de leur progéniture, même celle de l'avenir comme celle du présent.

La providence qui les a dotés des plus merveilleux instincts, ne pouvait leur refuser les moyens de les accomplir. Mais rien de tout cela ne témoigne en eux d'une mémoire réellement intellectuelle, ni d'un sens moral, ni d'une conscience humaine. Le chien de chasse qu'on nous donne comme un remarquable exemple d'intelligence, le chien de chasse ne fait qu'obéir à ses instincts carnassiers, en les prêtant à son maître qui sait en user avec la menace du fouet et d'autres châtiments; il sait, à ce prix, comprendre et accomplir sa mission; mais il ne sait pas et il ne saura jamais comprendre la nécessité de l'institution de la chasse, l'intérêt agricole social, et économique qui la justifie, les règles de son application et les lois qui la consacrent.

Il en est de même du chien de berger, autre type d'intelligence cynégétique, qui, tout en accomplissant merveilleusement sa mission, ne sait pas et ne saura jamais pourquoi il défend les emblaves et les moissons contre le troupeau; qui ne saura jamais que le grain confié à sa garde sera sa nourriture après les transformations qu'il doit attendre du temps. C'est encore de leur instinct de conservation que dérivent tous leurs actes de prétendue intelligence, tous ces calculs, toutes ces combinaisons, tous ces témoignages d'affection qui ont pu nous émouvoir et nous attendrir.

II. — *De la mémoire intellective.*

Considérée dans l'homme avec tous ses attributs humains, la mémoire y prend tout autre caractère :

elle devient une faculté multiple, qui relève tout à la fois du sentiment, du mouvement et de l'entendement; et de là autant de formes spéciales de mémoire, que l'on ne saurait confondre.

Et d'abord, chaque sens a sa mémoire qui permet de revoir par la pensée les personnes ou les objets qui ont passé sous nos yeux, comme aussi d'entendre les sons, de sentir les odeurs, de goûter les saveurs, de garder le souvenir des impressions tactiles que nous avons perçues en d'autres temps.

Mais tous les sens ne se prêtent pas également à l'exercice de la mémoire. Le souvenir des plus magnifiques spectacles disparait facilement à nos yeux, et nous cherchons quelquefois vainement à nous rappeler les lieux, les objets qui avaient su le mieux nous attirer.

Nous entendions hier une délicieuse musique qui captivait notre oreille, et elle ne nous laisse aujourd'hui qu'un vague et fugitif souvenir.

Telle odeur qui nous délectait de son parfum, il n'y a qu'un instant, a disparu en même temps que son impression, et nous avons besoin de la renouveler pour nous la rappeler.

Il n'en est pas de même des autres sens dont la mémoire est plus durable. Le goût, surtout, a le privilége de garder le souvenir des saveurs qu'il a perçues ; il n'oublie ni ses appétences ni ses aversions pour régler le choix de ses aliments et ses habitudes de régime. Le tact conserve fidèlement aussi le souvenir de ses impressions et il n'attend pas le retour des saisons, ni les transitions de température pour se prémunir contre les atteintes du dehors. C'est la mémoire du toucher qui sait nous initier aux premiers services des mains et des doigts dans l'enseignement de l'écriture, dans l'étude des instruments à corde et du piano, et dans d'autres arts manuels d'agrément, avant de les remettre à l'effet de l'habitude.

Tous les mouvements des membres peuvent s'accomplir, chez les animaux, sans le secours d'aucune éducation ni de l'intervention de la mémoire, par pur instinct; mais ils ont besoin de mémoire et d'éducation chez l'homme, quand il s'agit surtout de les appliquer à un art quelconque, aux exercices gymnastiques de danse, d'escrime ou autre.

※

Il y a, à côté de la mémoire des sens et des mouvements, une mémoire plus élevée, qui est l'attribut plus exclusif de la condition humaine, et qui a pour objet les idées, les abstractions, toutes les affections morales, toutes les conceptions spontanées aussi bien que les sensations perçues ; c'est la mémoire *abstraite* qui implique elle-même deux ordres d'éléments bien distincts : des éléments *effectifs* et des éléments *affectifs*, que l'on a su représenter sous ces deux chefs figurés de *mémoire de l'esprit* et de *mémoire du cœur*.

※

1º La mémoire *effective* est celle qui, dès le début de la vie mentale, intervient pour les premiers frais de la vie commune et sociale, pour les premiers besoins de l'éducation, celle qui est appelée à retrouver tous les faits que le temps a pu emporter dans l'oubli ou laisser dans la tradition, pour les remettre au service de l'intelligence dans les œuvres de la science, de la littérature, des arts et de l'industrie. Elle devient la lumière indispensable de l'homme d'étude et de l'historien dans la recherche des faits et des événements qu'il se propose de relier et de contenir dans l'ordre chronologique qui leur appartient. Elle est aussi le guide nécessaire de l'écrivain et du savant, aussi bien que celui du praticien. Toutes les carrières d'étude, toutes les professions libérales et industrielles lui devront leur destinée ; aucune d'elles ne saurait s'affranchir de son tribut, et je n'aurais pas de peine à faire comprendre que la mémoire effective est aussi le premier auxiliaire, la première condition de succès et peut-être de fortune des études et de la pratique de la médecine. Aucune faculté ne saurait mieux que la mémoire en frayer la route, en aplanir les difficultés, et plus que personne le médecin en aura besoin pour arriver au terme de ses études classiques, surtout s'il doit s'engager dans la carrière des concours. Il en aura besoin aussi dans l'exercice de son art pour se rendre compte de toutes les circonstances d'une maladie, pour se rappeler tous ses commémoratifs comme pouvant éclairer son diagnostic, modifier ses règles de traitement, fixer ses médications, leur mode d'application, leurs doses variées; et il en aura besoin même pour affermir la confiance de ses malades, qui sauront toujours lui en faire un mérite. Qu'il se défie donc de ses oublis, car il n'y a rien que certains malades prisent autant que la mémoire de leur médecin, rien qu'ils souffrent avec moins d'indulgence que ses distractions ou ses défaillances de mémoire.

La mémoire effective est, comme on le sait, le privilége de la jeunesse, et elle n'est jamais aussi fraîche, aussi facile que dans l'adolescence. C'est alors qu'elle sait le mieux saisir tous les éléments d'un fait ou d'un événement, avec ses dates, ses noms, ses détails accessoires; c'est alors qu'on a pu voir de jeunes écoliers répéter littéralement et sans faute, toute une leçon, après l'avoir lue attentivement une seule fois, comme s'ils avaient eu le secret, tout en la lisant, de la transcrire dans leur esprit, pour l'y retrouver tout entière.

C'est encore avant l'âge adulte, que l'on a pu voir de ces prodiges de mémoire dont parle l'histoire, tels que celui bien connu du jeune Thémistocle, qui savait les noms de tous les habitants d'Athènes avant d'arriver au pouvoir, celui de Cyrus qui avait pu retenir les noms de 30,000 soldats qu'il commandait à la bataille de Thymetrée, celui de Mythridate qui possédait 22 langues ; celui de Joseph Scaliger, qui, en 21 jours, avait appris par cœur tout Homère ; celui encore bien connu de Pic de la Mirandole, qui, à l'âge de dix ans, se plaçait au premier rang des poëtes contemporains, répétait tout un long poëme après une seule lecture ; et pour finir plus près de nous, celui si connu de Blaise Pascal, qui, dès l'âge de 12 ans, avait su trouver les douze premières propositions d'Euclide.

On a pu en citer bien d'autres exemples, en des temps plus ou moins éloignés ; mais la mémoire semble aussi avoir compté avec le temps et les mœurs : on ne trouve plus aujourd'hui de ces fils de Simonide pour nous donner de tels exemples de mémoire ; et qui pourrait nier que tous les genres d'ivresse qui ont su pénétrer dans nos mœurs actuelles soient restés sans influence sur cette faculté ? et qui oserait dire devant ces effets si patents, si flagrants des abus du tabac et de l'absinthe, de tous les spiritueux, que cette multiple ivresse devenue une intoxication publique n'ait pas su porter de funestes atteintes à la mémoire, comme à toutes les facultés intellectuelles [1] ?

*
* *

Arrivée au-delà de l'âge adulte, la mémoire effective ne tarde pas à décroître ; elle avait commencé la première comme premier signal de la vie mentale, elle finira aussi la première comme premier indice de défaillance de l'intelligence humaine ; mais elle ne finira que graduellement et sans transition bien sensible ; elle ne s'interrompt même pas pour le souvenir des personnes, des faits, des événements, mais principalement pour celui des noms, des dates, des chiffres, des âges, de tous les détails

---

[1]. *Le Tabac et l'Absinthe*, in-18, chez MM. J.-B. Baillière et fils.

accessoires des faits qui lui échappent de plus en plus, pour l'amener insensiblement à cette mémoire incomplète que l'on a appelée *réminiscence*.

Quelles que soient ses défaillances, comme effet naturel des progrès de l'âge, la réminiscence ou la mémoire sénile trouve encore en elle-même des compensations que l'on ne saurait lui refuser. Elle n'est ni moins éclairée ni moins apte à élucider les questions de science, à donner la solution d'un problème quelconque. La mémoire juvénile avait su se contenter d'effleurer le sujet ; la mémoire sénile s'y arrête plus longuement, plus froidement pour en sonder les profondeurs, pour en faire sortir la lumière. Si la mémoire juvénile a su mieux préparer, mieux cultiver le terrain de la science, si elle a su l'ensemencer à propos, la mémoire sénile saura mieux s'assurer la récolte et prendre la meilleure part de moisson.

Moins brillante et plus fugitive que la mémoire juvénile, la réminiscence n'a ni le privilége de l'improvisation, ni l'avantage de la répartie dans les luttes parlementaires ni dans les argumentations d'école, mais elle sait mieux encore que la mémoire juvénile s'assurer le triomphe des débats, et si enfin la mémoire juvénile sait faire des érudits et des orateurs, la mémoire adulte ou même la mémoire sénile saura lui disputer ses savants, ses hommes d'état, ses hommes de génie ; et nous sera-t-il permis d'ajouter comme fait d'observation que personne ne saurait nier, que, dans les concours universitaires, qui sont surtout des joutes de mémoire, les candidats les plus mémoratifs sont bien souvent les plus heureux, sans être les plus capables.

2° La mémoire *affective*, que l'on a pu appeler également la *mémoire du cœur*, est encore l'attribut exclusif de la condition humaine. C'est elle qui nous permet de compter les bons et les mauvais jours de la vie, d'en retrouver les joies et les amertumes, de faire revivre par la pensée les personnes qui nous étaient chères, de nous transporter au-delà de ce monde, jusque dans le sein de l'éternité, pour jouir de leur présence, pour leur consacrer un culte d'hommages et de regrets, pour respirer le parfum de leur âme avec celui des fleurs que nous déposons sur leur tombe.

Toutes les douleurs de cœur, toutes les tristesses de l'âme appartiennent à la mémoire affective, et c'est dans cette vallée de larmes qu'elle se complaît pour en voir naître toutes les formes de délire qui figurent dans les cadres de la pathologie mentale et qui encombrent de plus en plus nos asiles de misère.

On se demande devant le nombre et l'infinie variété d'effets de la mémoire comment l'on a pu assigner un siége fixe, un organe exclusif à une faculté si multiple, si complexe; comment l'on a pu matérialiser une faculté si mobile, si incoercible, une faculté qui sait s'affranchir de toute dépendance et de toute contrainte; une faculté qui, comme par ironie, nous fuit quand nous l'appelons, et qui nous revient quand nous avons su nous passer d'elle, même pour nous obséder de ses importunités.

Et comment comprendre aussi que pour localiser la mémoire, si tant est qu'il faille un organe à la mémoire, l'on n'ait pu trouver que le *côté gauche* dans un organe aussi parfaitement symétrique que le cerveau. Quelle que soit l'autorité des savants à qui l'on doit un tel résultat d'études, nous sommes peu disposé à nous y associer, et nous l'abandonnerons volontiers à la responsabilité de ses auteurs pour nous en tenir au côté pratique du sujet.

La dysmnésie ou la mémoire défaillante, comme effet des progrès de l'âge, n'est point une maladie proprement dite. Bien souvent même elle semble n'accuser qu'une distraction de caractère, une préoccupation du moment ou une simple paresse d'esprit, et l'on ne saurait, dans aucun de ces cas, la considérer comme absolument réfractaire aux conseils de l'hygiène morale, aux effets d'une observation plus attentive de soi-même dans l'intervention opportune de la puissance volitive.

Quant à cette dysmnésie prématurée dont on observe aujourd'hui de si fréquents exemples, même dans l'âge adulte, et comme fruit de l'abus simultanée du tabac et de tous les genres de spiritueux, l'indication de traitement s'offre d'elle-même et l'hygiène morale ou la simple raison pourrait à plus juste titre s'en promettre la guérison, dans le sacrifice d'habitudes qui ont pu lui donner naissance. Mais ici encore l'hygiène comme la raison peuvent s'attendre à une résistance trop souvent invincible et à retrouver, quoi qu'elles fassent, ce trait caractéristique de l'esprit humain si justement exprimé dans cette maxime de La Bruyère : « L'homme n'est jamais content de sa mémoire ni mécontent de son jugement. »

CHAPITRE VIII

DE L'IMAGINATION.

> Aucune science ne saurait disputer à l'imagination ses prodiges ; elle sait par elle seule, faire des orateurs, des poètes, des artistes, des spirites, des somnambules, même des thaumaturges. (P. J.)

Nous avons déjà défini cette faculté qui, sous le nom d'*imagination*, donne un corps à la pensée humaine, en lui prêtant ses figures, ses images, ses couleurs, tout ce qui peut la féconder, la grandir et l'embellir; faculté qui a des ailes pour franchir les mers et les vallées, pour planer dans les airs et les espaces, s'élever au-delà des firmaments; qui a des yeux pour explorer les régions occultes, en dévoiler les mystères, une voix même pour en raconter les merveilles, sans jamais craindre de trouver des contradicteurs; sorte de fée enchanteresse qui sait créer des beautés, des vertus, des sentiments, des passions, des misères, des richesses, des maladies et des remèdes, aussi bien que des chimères et des fantômes, et qui a su faire des illuminés, des spirites, des somnambules, même des thaumaturges, aussi bien que des poètes, des orateurs, des philosophes, des artistes.

L'imagination! qui pourrait nous donner la mesure de son étendue et de sa puissance? Le monde entier, ainsi qu'on a pu le dire, n'est qu'un atome dans l'immensité de son domaine.

Nous ne demanderons à personne sa nature ni son origine, nul ne saurait nous répondre. Comme l'instinct, comme l'imitation, comme l'habitude, l'imagination est aussi l'œuvre de la Providence, elle est la science de Dieu et non la science des hommes. Comme faculté primordiale de l'organisme, aucune autre ne saurait lui disputer sa prééminence dans l'exercice de la vie morale et intellectuelle; elle les domine toutes, elle les tient toutes sous sa dépendance.

Plus vigilante que l'instinct même, quoique moins prudente, elle n'a ni repos ni trêve dans le cours de la vie : elle veille également la nuit et le jour, dans le sommeil et la veille, dans l'état de santé et de maladie ; et elle n'est jamais plus éveillée, jamais plus active que quand tout sommeille autour d'elle, et quand tout repose dans la nature.

Plus libre et plus noble que l'habitude, elle sait s'affranchir de ses entraînements et n'a point à redouter ses effets ; elle n'en connaît ni les faiblesses, ni les servitudes, ni la tyrannie.

Plus grande aussi, plus virtuelle et plus habile que l'imitation, elle dédaigne le plagiat et les plagiaires ; elle sait concevoir elle-même ses types et ses modèles ; elle sait inventer ses plans et trouver ses exemples pour les imposer à d'autres, ou pour les accomplir elle-même.

Je n'ai nullement la prétention d'embrasser dans cette étude tout le domaine de l'imagination, de la poursuivre dans ses poétiques migrations et jusques dans les régions célestes ; je laisse volontiers cette tâche à de plus savants et de plus habiles : mais l'imagination a aussi son côté prosaïque ; elle a aussi des faits accessibles à nos sens, des faits saisissables aux yeux de la conscience ou de l'observation morale, et ceux-là seuls doivent être l'objet de nos études, comme pouvant, seuls aussi, nous conduire à un but d'application, à une fin pratique.

⁎

Ainsi réduite à sa plus simple expression, l'imagination s'offre encore dans deux conditions bien distinctes, et qu'il convient pour cela d'étudier séparément :

Ou bien, elle s'exerce instinctivement et spontanément, en dehors de toute participation des sens et de la volonté, sans autre guide que l'instinct de conservation, c'est l'imagination *instinctive*, que d'autres ont appelée *passive*;

Ou bien, elle s'éclaire tout à la fois de ses propres conceptions, du témoignage des sens, des impressions du moment, des souvenirs du passé, des éventualités de l'avenir, c'est l'imagination *intellective* ou *active*.

I. — *De l'imagination instinctive.*

La première, l'imagination instinctive, est, comme nous l'avons dit, de tous les instants de la vie, de toutes les conditions physiologiques et pathologiques. Aucun âge n'en est exempt : l'enfant qui vient de naître est passible d'imagination, il aperçoit déjà des figures, des fantômes, des visions, qui le font tressaillir dans son berceau, et la sollicitude maternelle n'en saurait douter; chaque jour d'ailleurs permet de voir se manifester davantage l'exercice de cette faculté, et bientôt on la voit survivre au sommeil de l'enfant, comme si elle laissait alors sur son cerveau l'impression de l'image qu'elle y a gravée dans le sommeil. Tout praticien attentif a pu facilement constater ce fait, qui n'est déjà plus indifférent au diagnostic de la pathologie de l'enfance.

Plus tard, il suffira de s'observer soi-même pour surprendre l'exercice de l'imagination dans son passage du sommeil à la veille, car il est remarquable que cette faculté de recueillir ses rêves et de saisir l'ordre d'enchaînement dans lequel ils s'accomplissent, s'acquiert d'autant plus facilement que l'on avance davantage dans la carrière de la vie; ce qui fait que les rêves s'offrent pour ainsi dire d'eux-mêmes, au moment du réveil, quand, avec l'âge, le sommeil se traduisant en somnolence diurne et nocturne, les rêves du sommeil se rapprochent des rêveries de la veille; quand l'homme, quoique éveillé, s'isole involontairement du monde extérieur pour s'abstraire dans le vague de son imagination, pour concevoir à perte de vue des plans, des projets, des combinaisons plus ou moins réalisables; quand, comme on le dit proverbialement, il bâtit des châteaux en Espagne ou ailleurs. C'est alors que toujours en présence de l'imagination, la fidèle et inséparable compagne de sa solitude, il peut facilement se convaincre de la réalité d'un fait psychologique qui, admis par Descartes, Leibnitz, Maine de Biran, Jouffroy, a pu être nié par le plus grand nombre, mais qui s'atteste facilement par la simple observation de soi-même, savoir : l'exercice continuel, non interrompu de l'imagination instinctive ou de la pensée brute, dans le sommeil même, aussi bien que dans tous les instants de la vie. Toute l'erreur des philosophes qui ont pensé le contraire, est de n'avoir pas assez compris que les actes instinctifs, qui s'exercent aveuglément dans le sommeil, et les actes intellectifs qui s'accomplissent avec le concours des sens dans la veille, représentent deux ordres de faits parfaitement distincts.

* * *

Ne nous enorgueillissons pas trop de cette faculté, comme d'un privilége réservé exclusivement à la condition humaine. Tous les animaux sont doués d'imagination, à un certain degré, et tous, pour quiconque les observe attentivement, ont leurs rêves dans le sommeil, leurs rêveries dans la veille, et peut-être même leurs idées que la Providence a su ajuster à leur nature, à leurs besoins, à leur destinée.

Ce qu'il faut regretter, c'est qu'ils ne puissent nous le dire, et que nous ne puissions le savoir, tant qu'ils n'auront point acquis le don de la parole, avec la conscience du moi, avec le sentiment de leur personnalité, avec cette liberté morale qui les sépare encore de l'humanité, mais que leur fait espérer du moins pour l'avenir cette merveilleuse conception d'une philosophie moderne, la loi du *polyzoïsme* ou de la transformation animale, que nous ne saurions encore prendre au sérieux.

En attendant, on sait déjà ce que peut inspirer aux animaux leur imagination, même dans le sommeil; on sait que le cheval hennit au rêve de sa ration; qu'il s'agite en sursaut sous la menace et à l'approche du cocher qu'il aperçoit et qu'il redoute jusque dans son sommeil. On sait que le chien de chasse rêve à sa proie et qu'il jappe tout endormi pour répondre au signal du chasseur qu'il voit aussi, qu'il entend aussi dans son sommeil; et l'on ne saurait mettre en doute l'exercice de l'imagination chez tous nos animaux domestiques, pour peu que l'on apporte d'attention à les observer, à suivre leurs habitudes et leurs mœurs.

Mais ce que l'on ne saurait non plus méconnaître, c'est que jusqu'à présent l'imagination ne soit restée, chez les animaux, à l'état de faculté purement instinctive, purement animale. Les plus savants, les mieux *éduqués*, ceux mêmes qui vivent dans notre intimité, comme nos enfants, n'ont pu encore s'élever au-dessus de leur condition primitive; ils n'ont encore acquis aucune des notions abstraites, ils n'ont pu encore être initiés aux destinées de l'humanité, à ses aspirations, à sa fin morale; ils sont encore athées, et sans le savoir; l'homme seul reste leur maître, leur providence, et ils sont unanimes, forts et faibles, pour lui faire hommage, comme à leur Dieu, de leur liberté, de leur crainte et de leur soumission.

Leurs sens même demeurent encore impassibles devant toutes les merveilles de la nature et de l'art; mettez-les en présence du plus imposant spectacle de la création, conduisez-les dans le plus riche musée du monde, vous aurez beau appeler leur attention, solliciter leurs regards sur tout ce qui fait votre admiration, ils y seront complétement indifférents; leurs yeux resteront attachés sur vous, comme pour vous dire qu'ils ne vous comprennent pas, ou pour vous demander leur nourriture, peut-être aussi une caresse, mais rien de plus; et cela, après des siècles d'éducation et de civilisation.

*
* *

Les rêveries de la veille ont cela de commun avec les rêves du sommeil, qu'elles sont également spontanées, également soustraites à l'intervention active des sens et de la volonté, en sorte que, dans les deux cas, l'imagination n'a plus de règle pour se conduire ; elle court au hasard, en vagabonde, tout échevelée; et c'est bien alors la *folle du logis,* qui, livrée à elle-même, sans guide, sans frein, s'égare de tous côtés comme le véhicule déraillé, et de là, plus encore dans les rêves du sommeil que dans les rêveries de la veille, ces conceptions délirantes et fantastiques, ces incroyables pérégrinations dans des régions mystérieuses et inconnues, à travers les mers, au delà des mondes et des siècles ; de là, ces apparitions d'objets bizarres, de figures insolites, de personnages excentriques, qui n'ont jamais existé ou qui n'existent plus; de là, l'étrange spectacle de tout un nouveau monde, qui a pu s'improviser comme par enchantement, au seul passage de la veille au sommeil, comme s'il avait suffi de s'endormir pour passer de la raison à la folie!

*
* *

La folie! Qu'est-ce donc, en effet, si ce n'est le rêve de l'homme éveillé, si ce n'est le délire d'une imagination déviée, déréglée, s'exerçant aveuglément, sans la lumière normale des sens, sans le concours de la volonté? La folie, comme a pu le dire un savant aliéniste, Moreau (de Tours), la folie est dans la veille ce que les rêves sont dans le sommeil, et l'analogie, je n'oserais dire l'identité, mais l'analogie est du moins si frappante que l'on se demande si ce n'est pas là qu'il faudrait chercher toute la science de la pathologie mentale, plutôt que dans les élucubrations anatomiques du scalpel et des vivisections; plutôt même que dans le dogme au moins illogique des maladies de l'âme; car on ne conçoit guère la maladie dans une substance immatérielle, dans une essence, dans un esprit pur, dans une émanation divine.

Si je ne me trompe, la plus grande erreur des

aliénistes est encore de n'avoir pas su rattacher les déviations de la raison aux anomalies des sens, comme instruments nécessaires de l'exercice de l'intelligence ; c'est de n'avoir pas su distinguer les sensations actives des sensations passives, les mouvements volitifs des mouvements automatiques ; c'est d'avoir trop souvent confondu la folie proprement dite, qui peut n'être que l'aberration de l'imagination, en l'absence du contrôle actif des sens, avec la démence, qui implique l'impuissance anatomique et physiologique des organes affectés à l'exercice de la pensée.

Il est du moins certain que, pour se livrer à des actes de folie, il faut encore des instruments de raison, car le fou raisonne tout aussi bien que le rêveur, et, comme lui aussi, il combine des plans et des projets, poursuit la solution de problèmes plus ou moins difficiles. Il médite des plans d'étude, des œuvres d'art qu'il accomplit souvent d'une façon merveilleuse, dans l'exercice d'une imagination toute délirante et avec toute l'intégrité anatomique des organes de sens; tandis que l'homme en démence est nécessairement frappé d'impuissance jusque dans son organisme intime, jusque dans les sources mêmes de sa vie.

Dire qu'il y a une corrélation intime, nécessaire, entre les diverses formes de folie et telles modifications organiques plus ou moins appréciables du cerveau, n'est nullement résoudre la question. Pour établir une doctrine positive, il faudrait, ce semble, l'édifier avant tout sur des bases positives, et l'école anatomique ou phrénologique convient elle-même qu'elle n'en a pas, ou du moins qu'il n'y a rien de constant à cet égard. Elle ne fait donc que substituer une abstraction de l'esprit, une véritable hypothèse à celle qu'elle a la prétention de renverser. Or, hypothèse pour hypothèse, nous aimons autant celle qui se réalise pour ainsi dire dans les déductions rigoureuses de la logique, que celle qui n'a pour elle ni le témoignage des preuves ni l'autorité de la raison; faits pour faits, nous préférons aussi un fait moral qui tombe sous l'œil de la conscience universelle, et qui est avoué de tous, à un prétendu fait positif qui échappe à tous les sens comme à tous les instruments d'investigation.

L'intelligence, dites-vous, ne peut s'égarer sans

modification matérielle du cerveau. Où est donc, nous vous le demandons, cette modification matérielle du cerveau dans les rêves du sommeil, dans les rêveries de la veille, dans les mille situations de l'esprit où l'intelligence de l'homme le plus sensé s'égare plus encore que dans la folie la mieux constatée; où l'imagination, en l'absence de l'exercice des sens et de la volonté, peut subjuguer, aliéner l'homme moral et intellectuel tout entier, le soumettre à la domination des songes et des fantômes, le conduire dans les espaces, au-delà des mondes, à la poursuite d'illusions et de chimères, lui faire subir toutes les métamorphoses de la fable ou le faire passer par toutes les conditions humaines, depuis celle de simple mortel jusqu'à celle de maître ou de souverain de la terre? Où est donc alors, nous le demandons encore, la modification matérielle qui se prête si docilement ou qui préside si merveilleusement à tant de phénomènes si étranges et si divers?

On ne saurait donc nier que l'imagination ne puisse se suffire à elle seule; on voit, on entend ce que l'on imagine; on croit même à ce que l'on imagine, tout comme on éprouve, sans cause physique et par de purs actes de perception, les sensations du froid, de la chaleur, de la faim, de la soif, etc.; la douleur même peut se réaliser sans aucune impression externe; et c'est ainsi que, dans les rêves, elle peut se faire sentir assez vivement pour réveiller la personne qui l'éprouve; que, dans l'état de veille, elle peut se manifester comme effet d'impressions commémoratives ou d'exaltation maniaque actuelle, en l'absence des causes physiques quelconques. Tel individu rapporte à un membre, dont il est privé depuis longtemps, la même douleur qu'il y ressentait avant d'avoir subi aucune mutilation; tel autre se plaint de sévices et de cruautés exercés sur lui par la haine et la vengeance, et offre aux regards des personnes qui l'entourent des traces de blessures que lui seul aperçoit; ce qui prouve jusqu'à l'évidence que toutes les sensations naturelles ou accidentelles, physiologiques ou pathologiques, peuvent naître spontanément ou sans le concours d'aucun agent externe; et nous ne doutons pas qu'il ne puisse exister, indépendamment des anomalies nerveuses aussi nombreuses que variées qui accompagnent l'hypocondrie, beaucoup de névralgies externes, de rhumatismes musculaires ou autres affections douloureuses, qui n'ont d'autres causes que des perceptions spontanées, imaginaires, dues à une surexcitation plus ou moins vive des centres nerveux, à une exaltation maniaque.

Si donc il est vrai que l'imagination puisse à elle seule faire tous les frais de la folie, aussi bien que des rêves, en l'absence de tout contrôle actif des sens et de la volonté, on ne s'étonnera pas qu'elle puisse aussi nous donner tout le mystère de cette autre forme de délire somnolent connu sous le nom de *somnambulisme*.

*
* *

Qu'est-ce donc aussi que ce prétendu sixième sens, que cette lumière surnaturelle, que cette science infuse qui a pu si souvent et si facilement faire des adeptes, aussi bien que des dupes?

Qu'est-ce donc que le somnambulisme, si ce n'est encore un délire somnolent, le rêve d'une imagination égarée, en l'absence de toute lumière active des sens, n'ayant plus d'autre guide que l'instinct de conservation pour diriger ses actes, ses déterminations, ses mouvements, toute sa science.

Et comment le somnambule pourrait-il être plus éclairé que le rêveur, tous deux étant également soustraits au contrôle des sens et à l'empire de la volonté, tous deux agissant également sans liberté de conscience, sans association d'idées, sans raisonnement? Ce qui veut bien dire que le somnambulisme n'est et ne peut être qu'un songe, un rêve qui s'accomplit dans l'exercice d'une imagination purement instinctive, s'il n'est le symptôme d'une exaltation maniaque, s'il n'est l'œuvre coupable d'un genre d'industrie qu'il serait bien temps de réprimer. Inutile de dire que si le somnambulisme a pu être un appât pour l'ignorance et la crédulité, il n'a pu éclairer la médecine, dans l'inanité de ses prétentions et de ses promesses.

Mais le somnambulisme n'est pas le seul fait physiologique ou pathologique qui puisse intéresser la médecine dans l'exercice de l'imagination somnolente. On sait que beaucoup d'enfants et même des adultes donnent des exemples de *mictions involontaires et inconscientes* pendant leur sommeil, sans que l'on puisse leur opposer aucun remède efficace, et, pour le comprendre, il suffira de savoir qu'elles n'ont souvent d'autre cause qu'un rêve où l'imagination aperçoit un lieu d'opportunité qu'elle cherchait pour donner satisfaction à un besoin naturel plus ou moins pressant.

Combien n'ai-je pas vu de mères qui n'avaient eu que des corrections bien imméritées à opposer à ce genre d'affection, et combien de réformes toutes gratuites du service militaire ont eu lieu pour une prétendue infirmité, qui n'avait d'autre cause qu'un rêve d'imagination somnolente!

On connaît aussi les effets du *cauchemar*, dont le nom seul est un effroi pour ceux qui en ont subi les redoutables effets; le cauchemar qui, pour n'être qu'un rêve, qu'un acte de l'imagination accompli dans le sommeil, n'en est pas moins un véritable état morbide donnant lieu à toutes les angoisses d'une suffocation et d'une mort imminente.

Et quelles épreuves aussi l'imagination n'inflige-t-elle pas au rêveur, quand elle se plait à le hisser sur le sommet d'une tour ou sur la pointe d'un rocher, d'où il n'aperçoit plus que le fatal trépas; quand elle le retient enchaîné sur un sol mouvant qu'il sent s'effondrer sous ses pieds pour l'engloutir; quand elle le conduit perfidement dans une embarcation qui va se perdre inévitablement dans les flots de l'océan, et quand elle a su l'attirer dans un coupe-gorge, aux prises avec des assassins armés auxquels il n'échappe que par miracle, et dans un réveil d'effroi où le cœur est tout palpitant d'émotion, le corps tout baigné de sueur, tout brisé, tout anéanti!

Et comment douter que de telles épreuves ne puissent jeter dans l'organisme des troubles plus ou moins graves? et comment n'a-t-on pas su en tenir compte jusqu'à présent, comme lumière capable d'éclairer la physiologie pathologique ou même la médecine légale? Quant à nous, nous ne saurions mettre en doute que, dans maintes circonstances, l'imagination seule n'ait pu être cause de ces cas de mort subite restés inexpliqués, en l'absence de toute lésion apparente, chez des sujets qui ont été trouvés privés de vie, après une nuit où rien ne pouvait faire prévoir une telle fin.

Et pourquoi d'ailleurs tant s'en étonner, quand on sait que dans la veille et dans des conditions apparentes de santé, des individus ont pu être frappés de mort instantanée comme effet d'événements imprévus, d'espérances déçues, de toute passion violente, de toute commotion morale. Les exemples ne manquent ni dans l'histoire, ni dans nos annales, pour constater pareil fait : C'est ainsi que Diodore mourut subitement de honte pour n'avoir su répondre à un problème de Stilbon; que le sage et vertueux Chilon mourut de joie en couronnant son fils aux jeux olympiques; que l'ambassadeur Patkull est soudainement frappé de mort, à la vue des roues dressées pour son supplice; que nombre de condamnés sont restés foudroyés en entendant prononcer leur jugement.

Et combien d'exemples d'individus qui ont succombé à la seule appréhension d'une opération chirurgicale! On a même cité le cas d'une personne qui mourut subitement en voyant les apprêts d'une simple saignée.

On conçoit plus facilement encore les effets de l'imagination dans le sommeil, quand on sait que les impressions morales des rêves sont incomparablement plus vives, plus terrifiantes que celles de la veille, car rien dans le sommeil ne vient en amoindrir l'effet, ni la lumière des sens, ni l'intervention de la volonté, ni la possibilité de se mouvoir, de réagir, de se débattre contre toute agression; ni même l'illusion de l'espérance qui, dans la veille, peut encore nous soutenir, jusqu'aux approches d'une mort fatale.

II. — *De l'imagination intellective.*

Après m'être arrêté assez longuement, peut-être trop longuement, à cette imagination qui, dans son aveugle exercice, n'a su enfanter que des rêves, des rêveries et tous les genres de délire, il est temps de parler aussi de cette imagination qui s'éclaire de toutes les lumières des sens et de l'intelligence, pour s'élever au-dessus d'elle-même et s'associer à tous les actes de la vie morale et sociale. Telle est, en effet, cette imagination que j'ai appelée *intellective*, comme plus nécessairement liée à la condition humaine, et telle est sa puissance que partout l'homme a besoin d'elle pour exprimer sa douleur et sa joie, son amour et sa haine, son admiration ou son mépris, pour faire éclater toutes ses impressions, toutes ses inspirations. Orateurs, poètes, artistes, écrivains, philosophes, moralistes, tous s'adressent à elle pour donner à leurs œuvres de l'animation et du prestige, et c'est ainsi que l'imagination a su inventer la fable avec ses fictions et sa morale, la mythologie avec ses dieux et ses allégories, le théâtre avec ses leçons vivantes, ses exemples saisissants sinon toujours édifiants ; que l'éloquence lui doit ce qu'elle a de plus élevé, la poésie et la musique ce qu'elles ont de plus séduisant ; et c'est par elle aussi que toutes les religions ont su entourer leurs cultes des plus imposantes solennités, que le christianisme marchant à leur tête, et dans son langage symbolique, a su faire entendre au monde entier les sublimes accents de sa morale évangélique, et pour tout dire en un mot, l'imagination a pu par elle seule réaliser le levier d'Archimède, elle a pu soulever tout l'univers.

Sans l'imagination, en effet, tout sur cette terre serait resté sans mouvement, sans couleur et sans vie. Il est pourtant vrai de dire que, si l'imagination sait jeter tant d'éclat sur la pensée humaine, sur toutes les productions de l'art et du génie, elle perd une partie de sa puissance devant les œuvres de la science; tous les arts peuvent bien vivre de fictions, d'illusions, même d'erreurs; mais les sciences ne peuvent vivre que de vérités: or, loin de rechercher les faits qui les éclairent et les principes qui les gouvernent, l'imagination les sacrifie facilement à l'abstrait et à l'inconnu, et dans son indifférence pour tout ce qui est positif, visible, palpable et tangible, elle fuit volontiers la clarté du jour pour se livrer à l'étude et à la méditation.

Elle recherche l'isolement et l'obscurité; elle ferme les yeux pour mieux voir, pour mieux contempler l'objet qui l'inspire; et c'est la nuit surtout qu'elle a pu concevoir les plus magnifiques chefs-d'œuvre de génie littéraire, et c'est en l'absence de toute lumière qu'elle a su faire un Homère, un Milton, un Delille; de même que c'est dans les nuits de veille, en présence de douloureux souvenirs ou sous l'impression actuelle du malheur, qu'elle sait pénétrer plus avant dans les abîmes du cœur pour y trouver ses plus amers regrets, pour en faire sortir des torrents de larmes.

Il faut dire aussi qu'à défaut de tristesses réelles et de préoccupations légitimes, l'imagination aime à en chercher de vaines et gratuites, sachant toujours en découvrir dans toutes les situations de la vie. On sait combien elle est ingénieuse à trouver des besoins dans l'abondance, des misères dans l'opulence, des souffrances même dans la santé, et l'on sait aussi combien elle est habile à concevoir et à s'attribuer toutes les maladies qu'elle a pu voir figurer dans nos vocabulaires, à inventer contre elles plus de spécifiques que ne sauraient en compter toutes nos pharmacopées.

L'imagination, personne n'en saurait douter, a pourtant su compter de nombreux succès et des succès souvent bien imprévus. Combien de remèdes, combien de médications nouvelles ont pu être suivis de prétendus miracles, le plus ordinairement éphémères, mais qui ont du moins causé au malade quelques instants de calme, à la famille de douces espérances, au médecin une fortune toute gratuite, et le tout comme simple effet d'imagination.

On se demande comment, avec toute sa science, avec ses goûts, son caractère, l'imagination pourrait faire des savants, des esprits sérieux, des hommes positifs? Comment elle peut servir la médecine? Comment elle pourrait à elle seule faire des médecins?

Ce n'est pourtant pas que rien lui ait jamais manqué pour cela, car elle a eu de tous temps ses oracles, ses utopistes, ses illuminés, même ses thaumaturges, dont nous ne dirons rien. Et pour ne parler ici que de ses conceptions théoriques plus ou moins spécieuses, qui sont venues tour à tour se disputer un vain triomphe dans nos écoles, qu'en reste-t-il aujourd'hui pour l'édification de la science et de la pratique de la médecine? Que reste-t-il même de cette doctrine contemporaine que nous avons vue imposant sa loi à toute notre génération médicale? qu'en reste-t-il, si ce n'est le nom justement célèbre de son auteur, qui avait su l'entourer de tout l'éclat du prestige; si ce n'est encore le souvenir des sanglants débats, des luttes ardentes qu'elle a soulevés dans nos écoles et nos académies, et qui ont pu retentir dans le monde entier.

Sachons du moins reconnaître que si l'imagination et la science ne sont point absolument incompatibles, c'est à la condition que l'imagination subira devant la science la loi du contrôle, le témoignage des sens, l'arrêt de l'expérience et du jugement; autrement, elle ne pourrait que l'égarer, sans jamais l'éclairer.

Malheur donc au médecin qui ne saurait prendre d'autre guide que son imagination pour régler sa conduite pratique, et malheur aussi au malade qui n'attendrait d'autres secours de la médecine que ceux qui peuvent naître d'une imagination poétique.

Mais j'ai pourtant hâte de le dire : la médecine n'est pas seulement une science, elle est aussi un art, et un art difficile autant que précieux ; art difficile, en effet, car si la science a ses principes écrits, si elle a ses règles de conduite tracées à l'avance, l'art ne peut en avoir d'autres que celles du moment, celles qui lui sont inspirées devant le malade et en présence de cette grande maxime de physiologie et de morale : *Tot capita, tot sensus;* art précieux aussi, car trop souvent il reste l'unique ressource, la seule lumière qui puisse éclairer le médecin dans sa pratique. Ah! combien il lui serait plus facile, dans maintes circonstances, de prescrire de spécieuses médications, de formuler de vaines ordonnances, en l'absence de toute indication rationnelle, que de trouver un remède moral à l'adresse d'un mal qui ne saurait en comporter d'autre.

* * *

Et quelle tâche surtout, quand il s'agit de ces cas si nombreux, si variés, où l'imagination du malade sait s'approprier toutes les maladies qu'elle a conçues, où elle n'est jamais plus convaincue de la réalité du mal qui la préoccupe que quand elle est dans l'erreur, où toutes les ressources de la thérapeutique sont dans la seule puissance qui a pu la faire naître, dans l'imagination même. Et pour le bien comprendre, souffrez que je vous conduise un instant dans ces tristes asiles de nos misères mentales. Qu'y verrons-nous? Ici, c'est un pauvre maniaque, qui, dans son délire, se croit tout transformé en cristal; immobile et attentif à tout ce qui se passe autour de lui, ses yeux demeurent fixés sur tout ce qui l'approche, et il redoute jusqu'au choc du vent qui pourrait le renverser, le briser tout entier. Vous n'essayerez pas de le raisonner pour le convaincre de son erreur, car jamais la raison n'a su triompher de la folie, jamais elle n'a pu enlever un monomane à l'idée fixe où le retient son imagination; et ce qui semblera bien paradoxal, tout étant bien vrai, c'est qu'il sera toujours plus difficile d'ébranler la conviction d'un insensé devant la démonstration de son erreur, que de faire fléchir un homme sensé devant une vérité patente.

Le seul moyen d'être utile à ce malade, sinon de le guérir, c'est d'accueillir son erreur, avec tout l'intérêt que sa position inspire, en s'attachant à lui faire comprendre que sa maladie est bien connue; qu'elle n'est pas sans exemple, ni sans remède; que la médecine possède contre elle de précieuses ressources de guérison, et pour mieux le convaincre, vous saurez en faire un semblant d'application, et vous en suivrez l'effet avec une sollicitude qui puisse du moins faire naître en lui l'espoir et la confiance.

Mais voici bien un autre malade tout aussi intéressant, tout aussi digne de pitié : c'est encore un hypocondriaque, dont le corps tout entier, au récit du malade, se trouve réduit au volume et à la forme d'un grain d'orge. Lui aussi, le malheureux, veille sans cesse autour de lui, prenant grand soin que tous les accès de sa chambre soient bien hermétiquement clos, et surtout inaccessibles aux oiseaux et aux souris qui pourraient le dévorer.

Vous n'essayerez pas non plus de le dissuader, ni même de l'éclairer; ce serait encore peine inutile, mais vous l'écouterez avec un bienveillant intérêt, et vous chercherez aussi, dans les ingénieuses inspirations de votre art, un remède moral, un semblant de médication spécifique, qui puisse du moins apporter au malade quelque quiétude d'esprit; ce sera probablement le seul soulagement que vous puissiez espérer de toutes vos sollicitudes pour son sort, mais vous les lui devez; vous les devez à votre mission.

Ailleurs, et à une autre époque, nous avions vu aussi un hypocondriaque qui disait avoir avalé une araignée pendant son sommeil, et il ne pouvait en douter, car une somnambule le lui avait dit. Non-seulement elle avait pu constater sa présence dans une région bien déterminée de l'estomac, mais elle avait pu suivre tous ses mouvements, donner tous les détails de son signalement; elle avait pu compter ses six yeux, ses huit pattes.

En prenant droit de cité dans l'estomac, l'araignée y trouvait facilement sa nourriture, bien qu'elle la disputât à son hôte chaque fois qu'il en prenait; car chaque fois aussi l'araignée se présentait à l'entrée de l'œsophage pour aller au-devant de sa pâture, sachant toujours fuir avec adresse les doigts du malheureux patient qui essayait vainement de la saisir. Il avait cherché des remèdes de tous côtés contre son ennemi, sans avoir pu en trouver nulle part, pas même dans le somnambulisme, pas même dans l'homœopathie. Il était tout désespéré, lorsqu'il se présenta un matin à la consultation de l'hôpital Saint-Louis.

Le médecin sut bientôt à quoi s'en tenir pour le diagnostic de la maladie, et proposa au malade un remède qui fut accepté avec empressement, savoir : l'usage de pilules qu'il formula en langue allemande, en y joignant l'adresse d'une pharmacie allemande, la seule qui possédât la spécialité de ces pilules, et en faisant d'ailleurs au malade les recommandations les plus expresses pour leur emploi. « Ce remède, lui dit-il, est d'une efficacité certaine ; il vous débarrassera infailliblement de votre ennemi ; mais je ne dois pas vous dissimuler que, par sa violence même, il ne serait pas sans danger pour vous si vous n'apportiez dans son usage toute la prudence qu'exige sa puissance. Vous prendrez une seule de ces pilules demain matin, à jeun, *une seule*, entendez-le bien ; et si, contre toute attente, elle n'avait pas opéré l'effet que j'en attends, vous en prendriez le lendemain matin la moitié seulement d'une seconde, rien de plus, car au delà de cette dose, je vous le répète, le remède pourrait vous être funeste. »

Le conseil fut accueilli avec confiance, sinon sans un vif effroi, et il fut scrupuleusement suivi, si bien qu'en moins de deux heures, après l'ingestion de la première pilule, le malade avait eu plus de trente évacuations alvines. Il était épuisé, mais il était guéri, et pour cette fois, si vous ne l'avez déjà deviné, c'était l'imagination qui avait fait tous les frais du traitement et de la guérison; et l'ingénieux médecin qui avait conçu un si puissant remède sous forme de pilules bien innocentes, c'était Biett, Biett de très-honorable et de très-regrettable mémoire; Biett qui fut l'un des membres fondateurs de notre Académie.

C'était aussi à l'hôpital Saint-Louis, et vers la même époque, que nous avons pu voir une pauvre fille qui, croyant avoir avalé une couleuvre en se désaltérant à l'eau d'un ruisseau, sentait l'animal s'agiter sans cesse dans ses entrailles comme pour y chercher une issue; c'était le supplice de tous les instants de sa vie, et il n'y avait plus à espérer de la dissuader de son erreur par aucun raisonnement; mais il y avait un moyen dont on pouvait attendre plus de succès, c'était de simuler la gastrotomie, en vue d'opérer fictivement l'extraction de la prétendue couleuvre, et de donner à cette double opération toute l'apparence de la vérité, en faisant assister la malade elle-même à tous les détails de l'opération, en exhibant à ses yeux, et aux yeux de tous les assistants, un innocent reptile, une petite anguille pleine de vie, qui avait été préparée à l'avance pour l'opération.

Bien que ce fait date de plus de cinquante ans, il peut encore trouver au milieu de nous le précieux et vivant témoignage de l'auteur même, qui a su concevoir et accomplir avec bonheur ce genre de traitement : c'était notre excellent collègue, notre vieil ami Cloquet.

Pour justifier par un dernier exemple les ressources de l'art, en présence des insuffisances de la science, voyez aussi ce malheureux nostalgique qui se meurt de chagrin et de regrets, loin de sa patrie, loin du foyer domestique, au souvenir déchirant de toutes ses joies de famille! Que faire encore contre un mal que l'imagination ne fait qu'accroître chaque jour? Si vous voulez le guérir, ne le heurtez pas du moins, car il fuirait quiconque ne compatirait pas à ses souffrances; abstenez-vous de remèdes qui seraient sans effet; n'essayez pas même de raisonner le malade, car la douleur a besoin de sympathie plus encore que de logique; ouvrez-lui la voie la plus salutaire de la confiance; écoutez avec intérêt, avec compassion, le récit de ses peines; prenez par la main son cœur défaillant pour le soutenir, le consoler, l'encourager; mais ne le conduisez pas dans ces réunions joyeuses et bruyantes où il ne trouverait que des contrastes de sentiments et d'émotions capables d'augmenter sa tristesse.

La joie ne se commande pas, pas plus que l'amour et la haine; mais il y a des spectacles, des tableaux, de sombres images de la nature et de l'art, des lectures touchantes et sympathiques, qui porteront plus sûrement le calme dans son cœur; offrez-les-lui, et ne craignez pas de l'attendrir, ni même de lui arracher des larmes[1]. C'est l'exemple que nous donne Horace, quand, pour consoler Virgile de la douloureuse perte de son ami Quintilius, il lui dépeint en traits navrants toute l'étendue de son malheur.

1. Voy. Feuchtersleben, *Hygiène de l'âme*, traduit par Schlesinger Rahier. Paris, 1870.

Médecins de l'âme ! vous apprendrez pourtant aussi qu'il est des caractères qui se ferment à toutes vos sollicitudes et à toutes vos sympathies de cœur, des caractères qui ne se prêtent ni à la raison, ni à la compassion, ni à l'encouragement, et qui pourraient autoriser, dans certains cas, un tout autre plan de traitement moral, c'est-à-dire de la sévérité dans le langage, de la menace, de la pression, de l'intimidation; mais combien encore de difficultés pour les cas d'opportunité! combien encore de décevantes combinaisons, quand il s'agit de saisir dans ces natures exceptionnelles un côté que l'art puisse atteindre efficacement ! et c'est bien alors que vous comprendrez toute la sagesse de l'école de Stahl, qui voulait que l'étude de la médecine commençât par celle du cœur humain; et c'est bien alors aussi que vous pourrez reconnaître cette vérité trop oubliée de nos jours, que la philosophie, la religion et la morale sont les sœurs inséparables de la médecine.

CHAPITRE IX

LA VOLONTÉ.

Vouloir, c'est pouvoir. (Napoléon.)
La volonté peut tout ; ne vouloir qu'à demi,
C'est sortir du sommeil pour rester endormi.
(Frédéric.)

Il y a, dans la condition humaine, une puissance intellectuelle qui traduit à la fois l'homme moral et social, qui règle ses instincts, ses mouvements, ses habitudes, ses mœurs ; qui inspire son courage dans le danger, sa résignation dans le malheur, à laquelle il doit ses plus nobles résolutions, ses plus généreux sacrifices, son triomphe sur lui-même, sa suprématie sur le reste de la création. C'est la volonté, c'est cette puissance morale par excellence qui résume l'humanité tout entière; celle qui fait sa force et sa faiblesse, ses vertus et ses vices, celle qui la rend justiciable de ses actions devant Dieu et devant les hommes.

La volonté! tel est le sujet d'étude que j'ose aborder, comme terme du programme que je me suis proposé.

Pour bien la comprendre, il ne faut pas confondre deux ordres de faits qui n'ont de commun entre eux que leur unité d'expression, et qui diffèrent logiquement de toute la distance qui sépare l'homme et l'animal, l'esprit et la matière, le ciel et la tombe.

Vouloir, en effet, n'est pas seulement se mouvoir pour obéir à des impulsions instinctives, à des actes automatiques et pour ainsi dire involontaires. Vouloir, dans le sens moral, le seul que puisse admettre une saine logique, c'est prendre conscience de sa spiritualité pour agir avec intention, avec réflexion, avec discernement; c'est imprimer aux organes musculaires des déterminations qui témoignent de la personnalité, de la conscience du moi, de la liberté individuelle. Or, l'homme seul est doué de cette faculté, lui seul a le privilége de concevoir des idées, de traduire sa pensée par la parole, de l'exprimer par la volonté.

I. — *La dualité humaine.*

En d'autres termes : l'homme n'a pas seulement une vie instinctive de sentiment et de mouvement, qui lui est commune avec tous les animaux; il a, de plus, une vie intellective d'abstraction, de raisonnement et de jugement, qui lui donne sur tous un droit de prééminence, une puissance de domination qu'ils savent tous reconnaître, qu'ils savent tous accepter. De là la dualité de nature humaine si universellement admise depuis l'école de Platon, si dogmatiquement consacrée par les Pères de l'Église sous le titre d'*homo duplex*, et si judicieusement exprimée, de nos jours, par l'école spiritualiste, sous la double dénomination d'homme physiologique et d'homme psychologique. De là aussi cet antagonisme entre deux puissances volitives toujours en présence, toujours militantes, où la volonté du corps, la volonté des membres, suivant l'expression de saint Paul, dispute à la volonté de l'âme l'honneur de la victoire, comme si, dans ce combat, tout était prévu pour le triomphe de la vertu, aussi bien que pour la gloire de l'humanité.

Et qu'on ne dise pas que la dualité humaine n'est qu'une convention et une tradition de mœurs; car elle est antérieure à toutes les institutions sociales, à toutes les législations du monde; elle est naturellement et profondément implantée dans la conscience universelle des peuples, et elle s'atteste chez tous, jusque chez le sauvage, dans le culte de l'idolâtrie. L'Australien qui se prosterne devant le soleil et les étoiles, le Bengali qui adore le crocodile, le serpent, un ligator, une plante, eux aussi témoignent de la dualité humaine, en même temps que d'une vie posthume.

La dualité humaine n'est pas seulement un fait moral, elle est une loi physiologique et de rigoureuse logique; la même puissance, en effet, ne saurait simultanément vouloir et ne pas vouloir, commander et obéir, pratiquer en même temps le bien et le mal, le vice et la vertu.

Demandez au divin Socrate ce qu'il en pense, demandez-lui par quels sacrifices, par quels efforts de volonté, il put vaincre le démon de ses passions, dominer ses entraînements instinctifs, avant d'être proclamé par l'oracle de Delphes le plus sage des Grecs, le modèle de toutes les vertus.

**

Si dans la dualité humaine, la puissance morale ne se traduit pas également chez tous les individus, à tous les âges, dans toutes les conditions sociales, elle n'en existe pas moins virtuellement dans l'homme comme arbitre de tous les actes de sa vie, toujours prête à intervenir pour l'éclairer devant l'immuable loi du bien et du mal.

Si partout la dualité humaine a ses erreurs, ses préjugés, ses égarements, partout aussi elle a ses devoirs envers l'homme, ses sacrifices envers Dieu, son dévouement à la patrie; partout elle a sa foi, ses croyances, ses espérances, sa perspective d'une vie posthume, son invocation, son culte, sa prière...

Rien de tout cela, il faut bien en convenir, ne se révèle dans la condition animale; les animaux n'ont qu'une volonté et une volonté purement instinctive, celle de leur conservation; une volonté qui, comme le dit Bossuet, est toute cohérente à leur organisation, chargée, au même titre que la force vitale, de veiller à l'exercice de leur vie matérielle. Ils vivent, pour ainsi dire, à leur insu, sans avoir la conscience de leur existence, et ils meurent sans avoir su qu'ils cesseraient de vivre, sans avoir conçu le pressentiment d'une fin morale; et quand l'homme, quelle que soit sa condition sociale, quel que soit son degré de civilisation, veille sur son crime dans les agitations de sa conscience, l'animal dort paisiblement et sans remords sur son larcin ou sur sa victime. Et pourquoi en serait-il autrement, puisqu'il n'a aucune crainte, aucune espérance à concevoir d'une vie future, par conséquent aucune morale à observer?

Dire que la volonté morale n'est, elle-même, qu'une propriété anatomique ou de nature purement matérielle; dire que l'homme n'est pas plus responsable de ses actions que de sa volonté; qu'il n'est pas plus justiciable de ses crimes que ne peut l'être la locomotive qui frappe aveuglément tout ce qu'elle rencontre dans son déchaînement, c'est faire de la poésie de cynique athéisme; mais est-ce bien plus édifiant pour la science de l'homme moral, est-ce bien plus satisfaisant pour les destinées humaines? Je le demande à tous les adeptes de l'école positiviste.

Si l'homme n'est que matière, si sa destinée est purement terrestre, s'il n'a rien à espérer, rien à craindre au-delà de la tombe, pourquoi donc s'imposer volontairement tant de sacrifices pour le néant? Pourquoi ce futil désir de s'illustrer, d'acquérir de la gloire et des honneurs dans la mémoire des hommes, de pieux souvenirs dans le cœur de ses enfants? Pourquoi ces monuments, ces hommages offerts à des débris de matière en dissolution, et pourquoi ces couronnes, ces fleurs que nous déposons avec nos larmes sur la terre qui les recèle?

Non, le culte de la tombe n'est point une vaine et temporelle fiction, il a des aspirations plus consolantes et plus élevées. Non, la volonté morale n'est point l'œuvre spontanée de la matière; elle est inhérente à la nature de l'homme, à la condition humaine; elle lui a été attribuée dans l'œuvre même de la création, comme apanage exclusif de sa souveraineté sur toute la création, en vue du sort de tous les êtres vivants. Et que seraient-ils devenus sans elle, même avec leur admirable organisation, même avec leurs merveilleux instincts, car aucun ne saurait encore aujourd'hui demander sa nourriture à la terre, aucun ne saurait encore par lui seul la cultiver, l'ensemencer, la fertiliser, mettre à profit ses plus riches produits.

Il fallait bien, pour cela, une volonté suprême, une intelligence éclairée d'une divine lumière; il fallait, si je puis le dire, une vice-royauté dans ce monde, comme il y a une royauté universelle pour le gouvernement de l'univers. Dieu lui-même, Dieu seul a investi l'homme de cette puissance, en le dotant de la volonté, et sa mission était toute tracée quand il parut pour la première fois sur cette terre inculte et déserte, devant cette nature vierge que la création lui livrait pour ainsi dire à l'état d'ébauche; elle est tout écrite dans un livre sacré. L'homme, y est-il dit, domptera les animaux pour les soumettre à sa loi, pour les faire servir à ses besoins personnels, ainsi qu'à leur existence.

Il sillonnera la terre, l'ensemencera, dirigera sa fécondité et protégera ses moissons.

Au besoin, il ouvrira le flanc des montagnes, abaissera les rochers, tracera des routes à travers les forêts sauvages et les déserts inconnus.

Il ouvrira, dans le sol, des canaux pour recevoir les eaux du ciel, les mettre à profit, s'en approprier l'usage.

Il sondera les entrailles de la terre et l'abîme des mers pour en découvrir les populations, pour en faire sortir et en exploiter les richesses.

Il s'élèvera dans les hautes régions de l'atmosphère pour soumettre également tous ses habitants à sa loi.

Et c'est ainsi que, par la seule puissance de sa volonté, l'homme a pu s'attribuer une domination sur tout ce qui respire sur la terre, sur tout ce qui vit dans les eaux, sur tout ce qui plane dans les airs.

La volonté sera là aussi pour servir l'intelligence humaine dans toutes les carrières qu'elle saurait s'ouvrir; elle la guidera dans l'étude des sciences, des arts et des lettres, comme elle saura l'inspirer et l'éclairer dans toutes les voies d'industrie sociale;

elle bâtira des maisons, des palais, des cités ; elle élèvera des temples à la gloire des dieux et des monuments à la mémoire des hommes ; et c'est après avoir abrité l'homme contre toutes les intempéries du dehors, après avoir entouré son existence de tous les bienfaits de la civilisation, l'avoir embellie de tous les prestiges des arts, qu'elle s'apprêtera comme par ironie à sa destruction.

Elle forgera des armes, inventera des instruments et des procédés de guerre contre ses semblables, elle s'armera contre les nations, en vue de conquêtes et de domination, dût-elle pour cela ensanglanter la terre, dévaster les habitations, incendier les villes et les campagnes, promener partout la terreur, jeter partout le deuil et la désolation. Et c'est ainsi que nous l'avons vue, affolée d'ambition et de gloire, à la tête d'une nation armée, courir à la conquête du monde, s'élancer des colonnes d'Hercule aux confins de l'Asie, jusqu'aux glaciers du Caucase, bravant tous les éléments, tous les périls, pour y inscrire sur son drapeau triomphant le nom du vainqueur, avec cette audacieuse légende :

Le ciel est à Dieu, la terre est à moi !

La folle ! elle oubliait, dans son délire, qu'une voix plus puissante pouvait lui dire : *tu n'iras pas plus loin.*

Que si nous osions suivre la volonté au delà de tous les égarements, de tous les vertiges d'une insatiable ambition, nous la verrions encore se repaître de vengeance et de cruauté, proclamer le droit de massacre, de dévastation et de spoliation, à cet odieux cri de guerre : *le droit, c'est la force; la loi du vainqueur, c'est la volonté.*

II. *De la puissance thérapeutique de la volonté.*

Mais il est temps de nous demander si une puissance qui fait les héros, les tyrans et les esclaves, qui abat les trônes et les empires, qui bouleverse le monde, qui a pu inspirer ces fameuses paroles d'un César :

> « Je suis maître de moi comme de l'univers,
> « Je le suis, je veux l'être. . . . . »

si une telle puissance ne saurait imposer sa loi aux déviations physiques et morales de l'homme, si elle ne saurait changer le cours d'habitudes vicieuses, maîtriser des mouvements désordonnés, redresser des défectuosités organiques; si même elle ne saurait, par d'habiles et intelligentes combinaisons, apporter d'heureuses modifications à certains états pathologiques plus ou moins réfractaires à toutes nos ressources pharmaceutiques. Voilà ce que nous voudrions demander à la volonté, en vue de son application à l'hygiène et à la thérapeutique.

Mais avant tout, et comme question préjudicielle, serait-il vrai que la volonté que nous prétendons invoquer comme puissance thérapeutique, fût elle-même passible de maladie ? Serait-il vrai qu'il y eût une pathologie de la volonté, c'est-à-dire une médecine de l'âme ?

Nous avons déjà dit ce que nous pensons de cette prétendue psychiatrie, qui serait une véritable hérésie scientifique, si elle n'était tout simplement une fausse interprétation de logique.

La volonté, en effet, n'est point un organe ni une fonction; elle n'est point une propriété anatomique, et elle n'a aucune attribution physiologique dans l'exercice de la vie. Son rôle est exclusivement psychique; elle ne peut donc être passible de maladie, dans la rigoureuse acception du mot ; elle est nécessairement inaltérable, et, s'il en était autrement, elle ne serait plus responsable de ses actes. Elle peut bien fléchir devant des entraînements instinctifs, devant les passions humaines, être coupable de défaillance, et, à ce titre, elle reste justiciable aux yeux de Dieu et des hommes, mais elle n'est pas pour cela malade; elle demeure toujours inaltérable, même en présence de toutes les formes, de tous les genres de délire, même dans tous les cas de monomamie où la raison et la passion sont aux prises; où la volonté succombe devant l'idée fixe, sans être malade, l'idée fixe étant alors dans le délire sensorial, nullement dans la volonté. Cela posé, nous arrivons à l'objet pratique de la question, à la puissance thérapeutique de la volonté.

*
* *

A ce point de vue, et comme faculté hyperorganique, la volonté tient sous sa dépendance le sentiment, le mouvement et l'entendement, et il suffirait d'observer son rôle d'activité dans l'état physiologique pour concevoir toute sa puissance dans l'état pathologique.

Et d'abord, l'homme avait besoin de l'intervention de sa volonté pour suppléer à l'insuffisance de ses instincts dans l'exercice même de sa vie sensoriale ; il avait besoin pour voir avec intelligence les objets qui s'offrent à sa vue, de les regarder avec attention, de les observer avec réflexion, de les contempler à volonté pour en déterminer les formes, les dimensions, les contours, pour saisir tous les caractères physiques qui peuvent en faire des objets d'art plus ou moins précieux.

Sans la volonté, l'homme n'aurait su trouver, ni l'accord ni l'harmonie des sons, ni le charme des émotions qu'il recherche dans le sens de l'ouïe ; et sans elle, il n'aurait pu, en raison même de l'infériorité de ses instincts, acquérir la connaissance des qualités différentielles des odeurs et des parfums, comme condition hygiénique de ses aliments et de ses boissons, avant de les confier à l'estomac.

★
★ ★

On ne saurait non plus méconnaître le besoin d'appréciation volontaire ou intellectuelle des qualités tactiles des corps extérieurs, dans la détermination de leur température, quand surtout il s'agit de faire du tact un thermomètre naturel, le plus sûr de tous, même pour les cas d'opportunité hygiénique du vêtement.

Mais si la volonté était nécessaire pour donner aux sensations une valeur rationnelle et intellectuelle qu'elles ne peuvent avoir sans elle, elle acquiert, dans l'exercice des mouvements, une puissance dont on ne saurait déterminer la limite ; non-seulement elle les règle et les domine, mais elle sait au besoin les inspirer même contre leur impuissance. On a cité des cas où elle avait pu rendre le mouvement et la vie à des membres qui en étaient privés depuis nombre d'années ; c'est ainsi que, lors de l'incendie de l'Hôtel-Dieu, dans la nuit du 2 août 1737, des paralytiques qui avaient été soumis à de vains traitements, ont pu retrouver le mouvement, s'arracher aux flammes et à la mort par la seule puissance de la volonté.

On cite également des cas de paralysie musculaire

où la volonté seule a su imprimer des mouvements de contraction à la fibre musculaire, lorsque l'électricité, dans ses applications variées, était demeurée absolument impuissante (Onimus) ; tels sont aussi les exemples de paralysie spinale, dans lesquels des muscles *régénérés* ont pu entrer en contraction sous la seule influence de la volonté, après une vaine application de l'électricité (*Union médicale* du 13 juillet 1875).

Appliquée à l'orthonomie, la volonté a su donner des résultats que l'on ne pouvait attendre d'aucune médication proprement dite.

On sait que comme résultats d'habitudes acquises, beaucoup d'individus affectent des positions, des gestes, des tics plus ou moins contraires aux convenances sociales et que la volonté seule peut maîtriser. Ce qu'il faut dire, c'est qu'il n'est pas aussi facile qu'on le croit de vouloir ; peu d'hommes ont le courage d'imposer une volonté forte et soutenue à la domination d'habitudes vicieuses, mais nous n'en dirons pas moins qu'il est permis d'établir en principe que *vouloir, c'est pouvoir*. S'observer assez constamment, assez sévèrement pour maîtriser de telles habitudes, les remplacer par des occupations diversives, en leur substituant des mouvements réguliers, tel est le principe d'orthonomie qu'il est permis de leur opposer.

On conçoit que tous les âges et tous les caractères ne puissent se prêter également à de tels préceptes, et l'on comprend surtout qu'il faille les diriger, et même les imposer, chez l'enfant, pour en obtenir des résultats satisfaisants.

* *

C'est principalement dans les déviations de la taille, qui ont si souvent pour cause l'inégalité ou le défaut d'antagonisme des forces musculaires, comme effet d'attitudes vicieuses, que la volonté spontanée ou imposée a pu opérer d'heureux effets.

Des exercices sagement conçus, intelligemment combinés et soutenus par une volonté ferme et persévérante, ont su bien souvent faire tous les frais de guérisons inattendues.

J'ai publié, il y a déjà bien des années, l'exemple remarquable de la puissance de la volonté chez une jeune fille de dix-sept ans, qui présentait une déformation très-prononcée de la taille, avec incurvation de la colonne vertébrale, et qui a pu guérir complétement après plusieurs mois de la même persévérance dans les combinaisons d'une gymnastique qu'avait su diriger habilement mon ami le Dr Bouvier. Mais il faut dire aussi que dans cette organisation assez chétive résidait une volonté puissante et soutenue par une énergique résolution, jointe à un vif désir de tout souffrir pour guérir.

On connaît aussi les heureux effets d'une volonté forte et persévérante pour vaincre les secousses convulsives qui accompagnent, chez certains individus, la prononciation et qui constituent le *bégayement*. Assujettir la voix et la parole à une sorte de rhythme ou de mesure, sous l'empire des puissances respiratoires, c'est-à-dire parler à haute et intelligible voix, par syllables bien accentuées et sans en perdre une seule, comme on le ferait en déclamant et en chantant, tel est le principe de traitement le plus rationnel à opposer à ce genre d'infirmité; et l'orthophonie la plus efficace sera toujours la volonté la plus persévérante, la plus intelligente, celle dont les efforts et les combinaisons sauront le mieux dominer les mouvements de la langue pendant qu'elle articule les mots.

Tous les traitements dont l'expérience a le mieux justifié l'efficacité jusqu'à ce jour se fondent essentiellement sur ce principe ; tels sont surtout ceux qui, dans ces dernières années, se sont succédé avec de nouvelles prétentions, depuis mademoiselle Leigt qui a le mérite de l'initiative, puis de M. Itard qui en a le premier apprécié la valeur physiologique et, à son exemple, MM. Malbouche, Deleau, Rabet, Peroux (de Nancy), Colombat (de l'Isère), Chervin et d'autres qui n'en sont que de fidèles imitateurs.

Le *nystagmus oculi*, ou mouvement latéral involontaire des yeux, qu'on a appelé le bégayement oculaire ; certains cas de *strabisme* dus au défaut d'antagonisme des puissances musculaires qui les régissent, sont encore des anomalies physiologiques auxquelles la volonté seule a pu souvent remédier. La science possède sur chacune d'elles des exemples de guérisons obtenues même chez des sujets adultes, soit par la seule application de la volonté, soit à l'aide d'appareils capables d'en favoriser et d'en assurer l'effet.

Mais c'est surtout dans la *chorée* ou danse de Saint-Guy que la volonté a souvent montré une puissance thérapeutique dont on peut facilement se rendre compte, et que l'on attendrait vainement de toute médicatiou pharmacologique.

On sait que le nom de chorée ou danse de Saint-Guy lui vient de ce qu'autrefois un grand nombre de personnes qui en étaient affectées, se rendaient en pèlerinage à la chapelle de Saint-Guy, en Allemagne, pour y danser, jour et nuit, jusqu'à leur parfaite guérison.

Ce fait, assez généralement relégué dans l'histoire des superstitions du moyen âge, méritait portant quelque attention de la part des praticiens, en ce qu'il signale l'heureux effet d'un mouvement régulier substitué à un mouvement désordonné, perverti, et il faut bien savoir que la danse de Saint-Guy n'est pas aussi nécessairement qu'on a pu le dire une modalité *rhumatismale* : elle s'explique plus naturellement par la simple dysharmonie de la puissance musculaire comme effet d'insuffisance de l'innervation, à une époque de développement de l'organisme où l'on conçoit le défaut de rapport de la puissance nerveuse et de la puissance musculaire.

Ce n'est point le lieu de discuter ce point de théorie médicale, et pour ne parler ici que du traitement hygiénique de la chorée et des effets curatifs de la volonté, il est certain que l'on a pu obtenir plus de succès de l'application sagement combinée des exercices gymnastiques joints à toutes les ressources d'une hygiène rationnelle, que du grand nombre de médications qui lui ont été opposées.

M. Louvet-Lamarre, médecin de la succursale de la Légion d'honneur, à Saint-Germain-en-Laye, bien persuadé aussi que la chorée est souvent l'effet d'un dynamisme purement physiologique, et que, dans maintes circonstances, la maladie peut survivre à sa cause comme effet d'habitude, a su recourir avec avantage à un traitement gymnastique varié suivant les indications individuelles, et en a souvent obtenu les effets les plus heureux. Il prescrit surtout la danse à la corde, comme l'exercice le plus propre à soutenir l'attention des malades et la régularité des mouvements, et il a pu voir souvent cette gymnastique triompher de la persistance de la maladie. J'ai eu moi-même occasion de faire une heureuse application de ce moyen chez des jeunes filles qui étaient restées sous l'effet d'une véritable habitude, après beaucoup d'autres traitements, et j'ai pu surtout constater les effets salutaires de l'exercice alternatif de la danse et du piano, joint à une hygiène convenable.

La *chorée sénile*, qui tend nécessairement à s'accroître, à se perpétuer par la nature même de sa cause, par les modifications anatomiques qui s'opèrent dans les centres nerveux, la chorée sénile n'est pourtant pas absolument irrésistible à l'intervention de la volonté ; j'ai vu sous sa puissance des effets remarquables de rémission, même de disparition plus ou moins durable, des mouvements choréiques. J'ai conservé surtout le souvenir d'un vieillard de quatre-vingt-quatre ans, atteint au plus haut degré de cette forme de trémulation, qui, à force d'étude et de persévérance, était parvenu à imprimer aux mouvements cloniques de ses doigts une direction qui lui permettait de tracer des mots et des figures avec une merveilleuse régularité.

La loi d'équilibre ou de statique musculaire tient souvent à si peu de chose qu'un rien peut la détruire, comme un rien peut la rétablir. L'homme ivre qui titube ou qui trébuche à chaque pas et qui reprend chaque fois son équilibre en courant ou en précipitant sa marche ; l'homme en santé qui, pour toute autre cause, perd son équilibre dans la station ou la marche, et qui le reprend aussi vite en pressant le pas ; l'acrobate qui sait se maintenir sur la corde, à l'aide de sa perche d'équilibration, nous fournissent autant de preuves de cette vérité.

On concevra plus difficilement que la volonté ait pu dominer des accès d'hystérie convulsive ; et toutefois, comme exemple, on connaît l'histoire de cette forme d'épidémie survenue dans un couvent de Harlem, par suite de contagion d'imitation, et qui fut conjurée comme par enchantement par la seule puissance de la volonté imposée par l'illustre Boerhaave, sous la menace de l'application du cautère actuel à toute malade qui ne saurait résister à ses atteintes.

Mon excellent ami, le docteur Briquet, a publié dans son intéressant traité *De l'hystérie* un fait quelque peu analogue à celui de Harlem, qui est à la fois un triple exemple de la puissance morale de la volonté, de l'imitation et de l'imagination. Une jeune femme atteinte d'hystérie convulsive, accompagnée d'un *cri spécial* se renouvelant à chaque attaque, avait introduit dans son service, à l'hôpital de la Charité, et comme par contagion d'imitation, le même cri chez d'autres malades hystériques, et de là un tumulte devenu insupportable dans son service. Pour y mettre un terme, M. Briquet, s'inspirant de l'exemple de Boerhaave, menaça également de l'application du fer rouge comme remède toutes les malades qui ne sauraient dominer le même cri. La menace eut son effet sur le cri qu'il s'agissait de faire cesser, mais il fut remplacé par un autre cri de douleur accusant une brûlure violente, qui était alors purement imaginaire.

Le *tétanos* même a pu fournir des exemples de guérison dues à l'intervention efficace de la volonté : tel fut du moins le cas bien remarquable publié par mon bien regretté et bien excellent ami, le professeur Cruveilher, d'un tétanos traumatique porté au plus haut degré d'intensité, où la puissance de la volonté arracha le malade à une mort qui semblait fatale. Témoin des secousses convulsives du diaphragme et de tous les muscles de la respiration, qui déjà donnent lieu à tous les symptômes d'une véritable asphyxie, Cruveilher ne voit plus de moyen de salut pour le malade que de soumettre l'appareil musculaire de la respiration à l'empire d'une volonté assez forte pour maîtriser les mouvements convulsifs. Il se place devant le malade, lui conseille de la parole et du geste de faire des inspirations longues et profondes, aussi rapprochées que possible, mesurées en quelque sorte sur les mouvements alternatifs d'élévation et d'abaissement des bras auxquels il se livre lui-même. Les secousses convulsives, qui étaient continuelles, s'éloignent de plus en plus par cette respiration cadencée, et le malade put ainsi être rendu assez promptement à la vie et à la santé.

Ce fait prouve déjà que la volonté peut surmonter l'action convulsive de l'appareil musculaire d'association des deux vies. On peut, en effet, maîtriser à volonté le bâillement et le hoquet en substituant une forte contraction des muscles de la déglutition à la contraction spasmodique des muscles intrinsèques et extrinsèques du larynx.

On peut même lutter avec plus ou moins de succès contre les efforts de la toux; ce qui n'est pas seulement à noter comme résultat du pouvoir de la volonté, mais comme remède qui ne peut être indifférent dans beaucoup de cas.

La toux, en effet, peut n'être qu'une habitude vicieuse, sans besoin d'expectoration et sans lésion spécifique, devenant elle-même et par elle seule une cause incessante de toux, qu'il importe pour cela de faire cesser. « La toux, dit Montaigne, fait tousser, un tousseur me fait tousser »; or la volonté seule, et surtout la volonté aidée de sensations distractives ou d'actions musculaires capables de la divertir, est le moyen le plus sûr de la guérir. On voit des enfants atteints de coqueluche, qui tout préoccupés de leurs jeux, restent des heures entières sans éprouver le besoin de la toux, tandis qu'ils sont à chaque instant soumis à de nouvelles quintes dans l'état de repos ou réveillés sans cesse par la même cause dans leur sommeil, et je n'ai point été étonné d'apprendre que des médecins anglais avaient su guérir la coqueluche par la distraction, et souvent en plaçant les malades sous le bruit des usines.

L'*asthme* proprement dit, c'est-à-dire le spasme de l'appareil musculaire de Reissessen a pu également recevoir l'heureuse influence d'une volonté sagement appliquée, soit en surmontant par une respiration forcée le spasme des tuyaux bronchiques, devenus inaccessibles à l'air, soit en divertissant par la préoccupation l'exercice morbide de l'innervation affectée à leur exercice. C'est pour atteindre ce double but que Laennec recommandait à certains malades de lire à haute voix, afin de prolonger l'expiration et de rendre les inspirations plus complètes. Comme moyen de distraction, il conseillait aussi l'exercice des sens, même dans le cours de la nuit, lorsque les accès semblent obéir à la révolution nychthémérale, comme on l'observe fréquemment. Il raconte à ce sujet l'histoire curieuse d'un malade qui arrêtait à volonté ses accès en allumant une bougie et en divertissant ses sens sur tous les objets composant l'ameublement de sa chambre.

On concevra plus difficilement que la volonté puisse maîtriser les accès d'épilepsie, et pourtant le fait n'est pas sans exemple ; nous avons vu à l'hôpital Saint-Louis, en 1827, un homme atteint, depuis longues années, de cette maladie, et qui pouvait se soustraire à volonté à ses attaques. Il lui suffisait pour cela, au grand étonnement des élèves qui en étaient témoins, de soumettre à un exercice volontaire l'appareil musculaire de la mastication et de la déglutition, en introduisant dans sa bouche des aliments solides, aussitôt qu'il était averti des premiers indices du retour des accès.

Le vertige, la syncope, peuvent être dominés par la volonté, ainsi qu'a pu le constater sur lui-même pour le vertige, mon honorable collègue et ami, M. Piorry; ce qui permet de dire que la puissance de la volonté peut conjurer la mort ; car il faut bien savoir que de la syncope à la mort, il n'y a pas la distance d'une seconde.

Mais un fait bien digne de remarque et de toute l'attention du praticien, c'est que la volonté dont la puissance est pour ainsi dire incalculable sur les mouvements de contraction, demeure inefficace sur les mouvements qui tendent au relâchement musculaire. Tout individu qui se contracte dans l'appréhension de la douleur reste soumis à la puissance instinctive de la contraction, malgré les efforts de volonté qu'il exerce pour la surmonter. On avale par inadvertance un noyau de fruit ou tout autre corps plus ou moins volumineux, et l'on ne peut souvent, même avec une ferme résolution, accomplir la déglutition d'une dose très-minime, d'un simple granule de médicament, et il y a lieu de croire que l'hydrophobie dont certaines femmes nerveuses offrent l'exemple, n'a souvent d'autre cause que la lutte qui s'opère entre la crainte et la volonté de la déglutition.

Autres exemples : c'est en vain que l'on sollicite d'un malade dont on veut explorer l'abdomen le relâchement des muscles de cette région; tous ses efforts de volonté ne font qu'accroître la contraction qu'il cherche à maîtriser, quand il suffit de la moindre distraction de la volonté pour la voir cesser.

Il en est de même de l'individu à qui l'on veut réduire une luxation; plus on insiste pour obtenir de sa volonté un relâchement musculaire, et plus on augmente l'état de contraction qui fait obstacle à la réduction de la luxation; que s'il s'opère alors, par une cause physique ou morale quelconque, une distraction de la volonté, tous les muscles tombent dans le relâchement, et la réduction s'accomplit souvent comme par enchantement.

On sait encore que le sommeil, qui consiste dans le relâchement des puissances musculaires, veut être affranchi de l'influence de la volonté. Vouloir obtenir le bienfait du sommeil, c'est infailliblement l'éloigner, c'est volontairement se condamner à l'insomnie.

Quant à la puissance de la volonté sur le sentiment, elle peut être telle qu'elle ait pour effet de l'affaiblir, de l'amoindrir, même de l'anéantir, en lui substituant une contraction musculaire plus ou moins forte dans le déplacement de l'innervation. Il est même une sorte d'instinct qui nous porte dans la souffrance à faire appel à cette loi de l'innervation. L'homme qui éprouve une douleur quelconque, une névralgie par exemple, se meut et s'agite instinctivement comme pour appeler sur l'appareil musculaire et dépenser en mouvement le principe de sa douleur ou de sa sensibilité. L'expérience prouve du reste que l'état convulsif, qui n'est que l'exagération morbide de la contraction musculaire, fait cesser immédiatement la douleur, et l'on sait que l'épilepsie, qui est le type *maxime* de l'état convulsif, rend l'organisme absolument insensible aux excitants les plus énergiques.

C'est en vertu de cette loi de diversion de l'innervation que la volonté a pu imprimer à l'action musculaire un tel degré de contraction qu'elle ne laisse aucune prise à la sensation dans l'état physiologique et pathologique. Si Mucius Scœvola demeure impassible pendant que son bras reste exposé à la flamme ardente qui le brûle, c'est qu'il va spontanément au-devant du sacrifice que lui prépare la vengeance de Porsenna, pour se punir d'avoir manqué le tyran, et pour montrer aux ennemis de sa patrie tout le pouvoir d'une volonté romaine. Si le guerrier, dans l'ardeur du combat, ne s'aperçoit pas du coup mortel qui vient de le frapper, c'est qu'il y a en lui une surexcitation musculaire, une puissance de volonté qui rend sa sensibilité muette à l'impression de la douleur.

*
* *

Et comme témoignage bien éclairé que nous avons pu entendre à ce sujet, combien de faits pourraient attester dans la chirurgie militaire cette puissance de volonté qui, dans nos héros-soldats, sait faire taire la douleur sans le secours d'anesthésique, lorsqu'ils ont à subir des opérations graves, après avoir affronté la mort sur le champ de bataille [1]. Et qui ne connaît l'histoire des convulsionnaires de St-Médard, et l'exemple de nos martyrs chrétiens sachant également imposer silence aux plus horribles tortures?

VI

La volonté est aussi un auxiliaire précieux de cette force de réaction ou de résistance vitale, sans laquelle toutes les médications thérapeutiques sont trop souvent impuissantes; et sous ce rapport, il n'est peut-être aucune maladie à laquelle la volonté ne puisse apporter le bienfait de son intervention. Mais c'est surtout dans les épidémies qui semblent

[1] M. le baron Larrey. Séance de l'Académie du 28 septembre 1858.

porter leurs premières atteintes au principe de vie même, que la volonté montre toute sa puissance. On voit alors les hommes les plus volitifs, c'est-à-dire les plus courageux, les plus dévoués, demeurer réfractaires aux coups de la maladie; et sans chercher des exemples qui ne puissent trouver des témoins actuels, le choléra même a fourni des milliers de preuves de cette vérité, et si tout est encore mystère sur l'étiologie comme sur le traitement de cette épidémie, il reste bien démontré, d'après des documents authentiques, que le choléra a compté moins de victimes parmi les individus actifs, livrés à des exercices de travail manuel et corporel, que parmi ceux qui, par prudence, par crainte ou par état, vivaient dans des habitudes d'immobilité ou d'inertie.

On vit par l'exercice, on meurt par le repos.

C'est la nuit, plutôt que le jour, pendant le sommeil même plutôt que dans la veille, dans le repos plutôt que dans le mouvement, que les attaques ont eu lieu le plus ordinairement, et l'on a pu constater, d'après le dépouillement des tableaux statistiques du choléra, que les professions sédentaires, libérales, les carrières administratives, judiciaires, toutes les positions sociales qui impliquent le repos, l'inactivité, figurent en première ligne dans le nombre des victimes de l'épidémie. Sur des milliers de cas de choléra que nous avons pu voir, nous ne saurions en trouver un seul qui ait été observé dans l'exercice actuel du mouvement corporel.

L'un des ministres de Charles X, M. de Montbel, que sa malheureuse destinée avait conduit en 1830 sur une terre d'exil, à Vienne en Autriche, au moment où le choléra y sévissait dans toute sa violence, eut bientôt à lutter contre les attaques d'un nouvel ennemi. Atteint pendant la nuit de tous les symptômes prodromiques de l'épidémie, il s'insurge aussitôt contre elle et s'apprête à lui résister avec toute l'énergie d'une âme forte et courageuse. Il sort de son lit, s'habille en toute hâte, court à grands pas mettre ordre à ses affaires ; il est sans cesse en activité, sans cesse en course et dans une continuelle réaction de corps et d'esprit, dans un état continuel de moiteur, et il parvient ainsi à vaincre, par la seule puissance de la volonté, l'ennemi le plus redoutable que la médecine ait eu à combattre jusqu'à ce jour.

Nous avons vu bon nombre de confrères que le fléau poursuivait sans relâche, avec des menaces continuelles d'atteinte, s'arracher pour ainsi dire à sa fureur par une énergique puissance de volonté.

La volonté, qui est le courage par excellence en temps de guerre et d'épidémie, est alors la première vertu du médecin, celle qui, sous l'inspiration du devoir et de l'honneur, le conduit à la mort pour lui disputer ses victimes, celle qui lui tient lieu de bouclier sur un champ de bataille, mais celle qui, dans les épidémies les plus meurtrières, lui permet peut-être de braver plus impunément que d'autres tous les périls de la contagion ; et quand tous ses efforts demeurent impuissants, quand il succombe aux attaques de son implacable ennemi, il peut du moins se dire aussi : *Si mihi desint vires, in me est voluntas.*

FIN

TRAVAUX DE M. P. JOLLY :

Essai sur la topographie physique et médicale de Châlons-sur-Marne, ouvrage couronné par la Société académique de la même ville, 1819, in-8.

Notices nécrologiques sur Robert Roche, 1823; sur Antoine Royer Collard, 1826; sur Laennec, 1827; sur Sanson, sur Portal, sur de Lens, 1846; sur Hippolyte Royer Collard, 1850.

Nouvelle Bibliothèque médicale, direction générale 1824 à 1830 et rédaction de nombreux mémoires et observations, notamment sur les névralgies, etc.

Dictionnaire de médecine et de chirurgie pratique, 1829 à 1836; 15 vol. in-8. L'auteur en a dirigé la publication et y a inséré de nombreux articles, tels que : *angine de poitrine, asthme, calculs, congestions, convulsions, diagnostic, étiologie, gastralgies, névralgies, rage, scrofule*, etc.

Rapport officiel sur l'état sanitaire et les moyens d'assainissement du quartier St.-Martin-des-Champs, 1833; in-8.

Rapport sur l'état sanitaire et les moyens d'assainissement des landes de Bordeaux, 1834, in-8.

De la chlorose, de sa nature et de son traitement, 1839.

De l'étiologie, de la prophylaxie et du traitement du choléra, 1854.

Rapports lus dans les séances de l'Académie de médecine de 1839 à 1876, insérés dans les *Bulletins de l'Académie de médecine.*

Rapport sur l'application des principes actifs de la valériane et de la belladone dans le traitement de quelques affections convulsives (*Bull. de l'Académie de médecine*, séance du 22 janvier 1856, t. XXI, p. 352).

Rapport sur les épidémies des années 1859, 1860, 1861; insérés dans les *mémoires de l'Académie de médecine*, tomes XXV, XXVI.

De la dérivation des eaux de la Somme Soude et du Morin (*Bull. de l'Académie de médecine*, 1862, tome XXVII).

Question des eaux potables, 1863; lettre sur les eaux de Paris, in-8.

Rapport en réponse à M. le ministre de l'Agriculture et du commerce sur la question de savoir s'il peut être utile d'aller étudier la pellagre en Espagne (*Bull. de l'Acad. de médec.*, 1847, tome XII, p. 929.)

Rapport sur l'emploi de l'eau de mer concentrée comme agent thérapeutique, (*Bull. de l'Académie de médecine*, 1852, tome XVII, p. 255.)

TABLE DES MATIÈRES

Dédicace..	5
Préface de l'auteur.....................................	7
CHAPITRE PREMIER. — L'homme, sa nature, sa destinée..	25
I. — Nature de l'homme...........................	27
II. — Ce qu'il faut penser des générations spontanées...	34
III. — Statistique de la population humaine.....	34
IV. — Loi d'équilibre des populations...........	39
V. — Que faut-il induire, en pratique, de l'étude philosophique de l'homme ?.....................	42
VI. — L'homme ne diffère pas seulement des animaux, mais de lui-même.........................	46
CHAPITRE II. — La vie. — La force vitale.......	49
I. — Dans quelles conditions s'exerce la force vitale...	50
II. — Quelle idée l'on doit se faire de la force vitale...	53
III. — Ce qu'il faut penser de la force vitale comme puissance médicatrice..................	56
IV. — Quelle part doit-on faire aux organes dans l'exercice de la vie ?.............................	62
CHAPITRE III. — L'instinct, ses déterminations....	66
I. — Ce qu'il faut entendre par instinct.........	67

II. — Comment s'accomplissent les opérations de l'instinct....................................	69
III. — Rôle de l'instinct dans l'exercice de la vie.	70
IV. — L'instinct opposé à l'intelligence..........	72
V. — La médecine instinctive chez les animaux.	76
VI. — La médecine instinctive dans l'homme....	80
CHAPITRE IV. — La curiosité....	92
I. — Curiosité sensoriale.....................	93
II. — Curiosité intellective.	98
CHAPITRE V. — L'imitation.....................	100
I. — Imitation instinctive.....................	104
II — Imitation intellective.....................	115
III. — L'imitation dans son rapport avec la médecine..	120
IV. — Puissance thérapeutique de l'imitation....	127
CHAPITRE VI. — L'habitude.....................	139
I. — Premiers effets de l'habitude..............	141
II. — Habitudes des sens.....................	145
III. — Habitude des mouvements................	150
IV. — Habitudes d'esprit et de cœur............	168
V. — Habitudes morbides......................	180
CHAPITRE VII. — De la mémoire........	183
I. — De la mémoire instinctive................	185
II. — De la mémoire intellective................	189
CHAPITRE VIII. — De l'imagination	202
I. — De l'imagination instinctive................	206
II. — De l'imagination intellective..............	222
CHAPITRE IX. — La volonté	237
I. — La dualité humaine	239
II. — De la puissance thérapeutique de la volonté.	247
Index bibliographique des travaux de M. Jolly.......	273

Coulommiers. — Typ. Albert PONSOT et P. BRODARD.

Bulletin mensuel. — N° 96.

LIBRAIRIE J.-B. BAILLIÈRE et FILS
Rue Hautefeuille, 19, près du boulevard Saint-Germain, à Paris

AOUT 1876

DERNIÈRES NOUVEAUTÉS

TRAITÉ ICONOGRAPHIQUE D'OPHTHALMOSCOPIE, comprenant la description des différents ophthalmoscopes, l'exploration des membranes internes de l'œil et le diagnostic des affections cérébrales et constitutionnelles, par X. Galezowski, professeur libre d'ophthalmologie à l'École pratique. Paris, 1876, 1 vol. gr. in-8° de 285 pages, avec atlas de 20 planches chromolithographiées, contenant 113 fig. et 30 lig. interc. dans le texte, cart.   30 fr.

ATLAS D'OPHTHALMOSCOPIE ET DE CÉRÉBROSCOPIE, montrant chez l'homme et chez les animaux les lésions du nerf optique, de la rétine et la choroïde, produites par les maladies du cerveau, par les maladies de la moelle épinière, et par les maladies constitutionnelles et humorales. par E. Bouchut médecin de l'hôpital des Enfants-Malades, professeur agrégé de la Faculté de médecine de Paris. 1 vol. in-4 de viii-140 pages, avec 14 planches en chromolithographie, comprenant 137 figures et 19 figures intercalées dans le texte, cartonné   35 fr.

NOUVEAU TRAITÉ ÉLÉMENTAIRE ET PRATIQUE DES MALADIES MENTALES, par le Dr Henri Dagonet: médecin en chef de l'asile des aliénés de Sainte-Anne, professeur agrégé de la Faculté de médecine de Strasbourg; 2e édition. 1 vol. in-8 de 800 pages avec 8 planches en photoglyptie, représentant 32 types d'aliénés, cart.   15 fr.

ÉLÉMENTS DE BOTANIQUE, comprenant l'anatomie, l'organographie, la physiologie des plantes, les familles naturelles, et la géographie botanique, par P. Duchartre, de l'Institut (Académie des sciences), professeur à la Faculté des sciences; 2e édition. 1 vol. in-8 de 1000 pages avec 550 figures, cart.   18 fr.

LE SYSTÈME NERVEUX PÉRIPHÉRIQUE, au point de vue normal et pathologique. Ouvrage faisant suite aux Leçons sur la physiologie du système nerveux. Paris, 1876, in-8, 604 pages, avec fig.   8 fr.

CHIRURGIE JOURNALIÈRE DES HOPITAUX DE PARIS, répertoire de thérapeutique chirurgicale, par le Dr P. Gillette, chirurgien des Hôpitaux, ancien prosecteur de la Faculté de médecine de Paris. Grand in-8° de 199 pages avec figures.   4 fr.

TRAITÉ DE L'IMPUISSANCE ET DE LA STÉRILITÉ chez l'homme et chez la femme, comprenant l'exposition des moyens recommandés pour y remédier, par le Dr Félix Roubaud. Troisième édition. Paris, 1876, in-8 de 804 pages.   8 fr.

MÉMOIRE SUR LE DÉVELOPPEMENT EMBRYOGÉNIQUE DES HIRUDINÉES, par Charles Ropin, membre de l'Institut, professeur à la Faculté de médecine de Paris, etc. In-4 de 472 pages, avec 19 planches. 20 fr.

NOUVEAU DICTIONNAIRE
DE
MÉDECINE ET DE CHIRURGIE
PRATIQUES

ILLUSTRÉ DE FIGURES INTERCALÉES DANS LE TEXTE

RÉDIGÉ PAR

ANGER, E. BAILLY, BARRALLIER, BENI-BARDE, BERNUTZ, P. BERT, BOECKEL, BUIGNET, CUSCO, DEMARQUAY, DENUCÉ, DESNOS, DESORMEAUX, A. DESPRÉS, DEVILLIERS, M. DUVAL, FERNET, Alf. FOURNIER, Ach. FOVILLE, T. GALLARD, H. GINTRAC, GOMBAULT, GOSSELIN, Alph. GUERIN, A. HARDY, HÉRAUD, HEURTAUX, HIRTZ, JACCOUD, JACQUEMET, JEANNEL, KŒBERLÉ, LAENNEC, LANNELONGUE, S. LAUGIER, LEDENTU, LÉPINE, P. LORAIN, LUNIER, LUTON, MARTINEAU, A. NÉLATON, Aug. OLLIVIER, ORÉ, PANAS, M. RAYNAUD, RICHET, Ph. RICORD, A. RIGAL, Jules ROCHARD, Z. ROUSSIN, SAINT-GERMAIN, Ch. SARAZIN, Germain SÉE, Jules SIMON, SIREDEY, STOLTZ, I. STRAUS, A. TARDIEU, S. TARNIER, TROUSSEAU, VALETTE, VERJON, A. VOISIN.

Directeur de la rédaction : le Dr JACCOUD.

Son titre suffit à indiquer à la fois son but, son esprit.

Son but. C'est de rendre service à tous les praticiens qui ne peuvent se livrer à de longues recherches faute de temps ou faute de livres, et qui ont besoin de trouver réunis et comme élaborés tous les faits qu'il leur importe de connaître bien ; c'est de leur offrir une grande quantité de matières sous un petit volume, et non pas seulement des définitions et des indications précises comme en présente le *Dictionnaire de Littré et Robin*, mais une exposition, une description détaillée et proportionnée à la nature du sujet et à son rang légitime dans l'ensemble et la subordination des matières.

Son esprit. Le *Nouveau Dictionnaire* ne sera pas une compilation des travaux anciens et modernes ; ce sera une analyse des travaux des maîtres français et étrangers, empreinte d'un esprit de critique éclairé et élevé ; ce sera souvent un livre neuf par la publication de matériaux inédits qui, mis en œuvre par des hommes spéciaux, ajouteront une certaine originalité à la valeur encyclopédique de l'ouvrage ; enfin ce sera surtout un livre pratique.

CONDITIONS DE LA SOUSCRIPTION

Le *Nouveau Dictionnaire de médecine et de chirurgie pratiques*, illustré de figures intercalées dans le texte, se composera d'environ 30 volumes grand in-8 cavalier de 800 pages.

Prix de chaque vol. de 800 pages, avec fig. intercalées dans le texte. 10 fr.

Les Tomes I à XXII *complets* sont en vente. — Il sera publié trois volumes par an.

Les volumes seront envoyés *franco* par la poste aussitôt leur publication aux souscripteurs des départements, sans augmentation sur le prix fixé.

On souscrit chez J.-B. BAILLIÈRE ET FILS, et chez tous les libraires des départements et de l'étranger.

LISTE DES AUTEURS
DU NOUVEAU DICTIONNAIRE DE MÉDECINE ET DE CHIRURGIE PRATIQUES

ANGER (Benj.), chirurgien des hôpitaux.
BARRALLIER, professeur à l'École de médecine navale de Toulon.
BENI-BARDE, médecin en chef de l'établissement hydrothérapique d'Auteuil.
BERNUTZ, médecin de l'Hôpital de la Pitié.
BERT (P.), professeur de physiologie à la Faculté des sciences de Paris.
BŒCKEL, professeur agrégé à la Faculté de médecine de Strasbourg.
BUIGNET, professeur à l'École supérieure de pharmacie de Paris.
CUSCO, chirurgien de l'Hôpital Lariboisière.
DEMARQUAY, chirurgien de la Maison municipale de santé.
DENUCÉ, professeur de clinique chirurgicale à l'Ecole de médecine de Bordeaux.
DESNOS, médecin des Hôpitaux de Paris.
DESORMEAUX, chirurgien de l'Hôpital Necker.
DESPRÉS (A.), professeur agrégé de la Faculté de médecine, chirurgien des hôpitaux.
DEVILLIERS, membre de l'Académie de médecine.
DUVAL (M.), professeur agrégé à la Faculté de médecine de Paris.
FERNET (Ch.), professeur agrégé à la Faculté de médecine, médecin des hôpitaux.
FOURNIER (Alfred), professeur agrégé à la Faculté, médecin des Hôpitaux de Paris.
FOVILLE (Ach.), directeur de l'asile des aliénés de Quatre-Mare.
GALLARD (T.), médecin de l'Hôpital de la Pitié.
GINTRAC (Henri), professeur de clinique médicale à l'École de médecine de Bordeaux.
GOSSELIN, professeur à la Faculté de médecine de Paris, chirurgien de la Charité.
GUÉRIN (Alphonse), chirurgien de l'Hôpital Saint-Louis.
HARDY (A.), professeur à la Faculté de Paris, médecin de l'Hôpital Saint-Louis.
HERAUD, professeur de l'Ecole de médecine navale à Toulon.
HEURTAUX, professeur à l'École de médecine de Nantes.
HIRTZ, professeur à la Faculté de médecine de Strasbourg.
JACCOUD, professeur agrégé à la Faculté de médecine, médecin des Hôpitaux de Paris.
JACQUEMET, professeur agrégé à la Faculté de Montpellier.
JEANNEL, pharmacien en chef de l'hôpital Saint-Martin, à Paris.
KŒBERLÉ, professeur agrégé à la Faculté de médecine de Strasbourg.
LANNELONGUE, professeur agrégé de la Faculté de médecine, chirurgien des hôpitaux.
LAUGIER (S.), professeur à la Faculté de médecine, chirurgien de l'Hôtel-Dieu.
LEDENTU, professeur agrégé de la Faculté de médecine.
LÉPINE, médecin des Hôpitaux.
LORAIN (P.), professeur à la Faculté de médecine, médecin des Hôpitaux de Paris.
LUNIER, inspecteur général des établissements d'aliénés.
LUTON, professeur à l'École de médecine de Reims.
MARTINEAU, médecin des hôpitaux.
OR-, professeur à l'École de médecine de Bordeaux.
PANAS, professeur agrégé à la Faculté de médecine, chirurgien des Hôpitaux.
RAYNAUD (Maurice), médecin des Hôpitaux, agrégé à la Faculté de médecine.
RICHET, professeur à la Faculté de Paris, chirurgien de l'Hôtel-Dieu.
RICORD (Ph.), membre de l'Académie de médecine, ex-chirurgien de l'Hôpital du Midi.
RIGAL (A.), professeur agrégé à la Faculté de médecine.
ROCHARD (Jules), directeur du service de santé de la marine au port de Brest.
ROUSSIN (Z.), professeur agrégé à l'École du Val-de-Grâce.
SAINT-GERMAIN, chirurgien des Hôpitaux.
SARAZIN (Ch.), professeur agrégé à la Faculté de Strasbourg.
SÉE (Germain), professeur à la Faculté de médecine, médecin de la Charité.
SIMON (Jules), médecin des Hôpitaux de Paris.
SIREDEY, médecin des Hôpitaux.
STOLTZ, professeur d'accouchements à la Faculté de médecine de Strasbourg.
STRAUS (I.), chef de clinique médicale à la Faculté de médecine.
TARDIEU (Amb.), professeur à la Faculté de médecine de Paris, médecin de l'Hôtel-Dieu, membre de l'Académie de médecine.
TARNIER (S.), professeur agrégé à la Faculté de Paris, chirurgien des Hôpitaux.
TROUSSEAU, professeur de clinique médicale à la Faculté de médecine de Paris.
VALETTE, professeur de clinique chirurgicale à l'École de médecine de Lyon.
VOISIN (Auguste), médecin de la Salpêtrière.

PRINCIPAUX ARTICLES
DES VINGT ET UN PREMIERS VOLUMES

TOME PREMIER (812 pages avec 36 figures).

Articles.	MM.	Articles.	MM.
INTRODUCTION	Jaccoud.	ACCOUCHEMENT	Stoltz, Lorain.
ABDOMEN	Denucé, Berntz.	AGONIE	Jaccoud.
ABSORPTION	Bert.	ALBUMINURIE	Jaccoud.

TOME II (800 pages avec 60 figures).

ANÉVRYSMES	Richet.	ANUS	Gosselin, Giraldès, Lacoee
ANGINE DE POITRINE	Jaccoud.		

TOME III (824 pages avec 75 figures).

APHRODISIAQUES	Ricord.	ASTHME	G. Sée.
ARTÈRES	Nélaton, M. Raynaud.	ATAXIE LOCOMOTRICE	Trousseau.

TOME IV (800 pages avec 80 figures).

AUSCULTATION	Luton	BEC-DE-LIÈVRE	Demarquay.

TOME V (812 pages avec 60 figures).

BILE	Jaccoud.	BRONZÉE (Maladie)	Jaccoud.
BLENNORRHAGIE	A. Fournier.	BUBON	A. Fournier.

TOME VI (852 pages avec 175 figures).

CANCER, CANCROIDE	Heutaux	CÉSARIENNE (Opération)	Stoltz.
CAROTIDES	Richet.	CHALEUR	Buignet, Bert et Hiriz.

TOME VII (775 pages avec 95 figures).

CHAMPIGNONS	Marchand et Roussin.	CHOLÉRA	Desnos, Lorain et Gomeault.
CHANCRE	Fournier.	CIRCULATION	Luton.

TOME VIII (800 pages avec 81 figures).

CLAVICULE	Richet et Despres.	CŒUR	Luton et Maur. Raynaud
CLIMAT	Rochard.	COMMOTION	Lacgiee.

TOME IX (820 pages avec 84 figures).

CONJONCTIVE	Gosselin.	COUDE	Denucé.

TOME X (780 pages avec 122 figures).

COXALGIE	Valette.	CRURAL	Gosselin.
CROUP	Simon.	DARTRE	Hardy.

TOME XI (796 pages avec 49 figures).

DENT.	Sarazin.	DIGESTION.	Bert.
DIABÈTE.	Jaccoud.	DYSENTERIE.	Barrallier.

TOME XII (820 pages avec 110 figures).

EAU, EAUX MINÉRALES Buignet, Verjon et Tardieu. | ÉLECTRICITÉ. . . . . Buignet, Jaccoud

TOME XIII (800 pages avec 80 figures).

ENCÉPHALE.	Laugier et Jaccoud.	ENTOZOAIRES.	L. Vaillant et Luton.
ENDOCARDE.	Jaccoud.		

TOME XIV (780 pages avec 68 figures).

ÉRYSIPÈLE.	M. Raynaud et Gosselin.	FER	Buignet et Hirtz
FACE	Ledentu, Gintrac.	FIÈVRE.	Hirtz.

TOME XV (786 pages avec 121 figures).

FOIE.	J. Simon.	FRACTURE.	Valette.
FOLIE	Foville, Tardieu et Lunier.	GÉNÉRATION.	M. Duval.
FORCEPS.	Tarnier.		

TOME XVI (754 pages avec 41 figures).

GENOU.	Panas.	GLAUCOME.	Cusco et Abadie.
GÉOGRAPHIE MÉDICALE	H. Rey.	GOITRE.	Luton.

TOME XVII (800 pages avec 99 figures).

GROSSESSE.	Stoltz.	HERNIE.	Ledentu.
HÉRÉDITÉ.	A. Voisin.	HISTOLOGIE.	Duval.

TOME XVIII (844 pages avec 44 figures).

HYDROTHÉRAPIE.	Beni Barde.	INFANTICIDE.	Tardieu
ICTÈRE,	Jules Simon.	INFLAMMATION.	Heurtaux.

TOME XIX (776 pages avec 101 figures).

INOCULATION.	A. Fournier.	INTESTIN.	Luton et Després.
INTERMITTENTE (fièvre)	Hirtz.	JAMBE.	Poncet et Chauvel.

TOME XX (800 pages avec 100 figures).

LANGUE.	Demarquay.	LEUCORRHÉE.	Stoltz.
LARYNX.	Bœckel.	LITHOTRITIE.	Demarquay.
LEUCOCYTHEMIE.	Jaccoud.	LUXATIONS.	Valette.

TOME XXI (800 pages avec 80 figures).

LYMPHATIQUE.	Ledentu et Longuet.	MALADIE.	M. Raynaud.
MACHOIRES.	A. Després.	MAMELLE.	Lannelongue.
MAIN.	Ledentu et Duval.	MECONIUM.	Devilliers.

TOME XXII (817 pages, avec 32 figures).

MÉDICAMENT, MÉDICATION.	Hirtz.	MICROSCOPE.	M. Duval.
MENINGES.	Jaccoud et Labadie-Lagrave.	MINEURS.	Gauchet.
MENSTRUATION.	Stoltz.	MOELLE ÉPINIÈRE.	Hallopeau, Oré et Poinsot.

LIBRAIRIE J.-B. BAILLIERE ET FILS

ANDOUARD. Nouveaux éléments de pharmacie, par ANDOUARD, professeur à l'Ecole de médecine de Nantes. Paris, 1874. 1 vol. in-8 de 880 p. avec 120 figures. . . . . 14 fr.

ANGER. Nouveaux éléments d'anatomie chirurgicale, par BENJAMIN ANGER, chirurgien des hôpitaux, professeur agrégé à la Faculté de médecine. Paris, 1869. 1 vol. grand in-8 de XVI-1056 pages, avec 1079 figures et Atlas in-4 de 12 planches gravées et coloriées, et représentant les régions de la tête, du cou, de la poitrine, de l'abdomen, de la fosse iliaque interne, du périnée et du bassin. . . . . 40 fr.
   Séparément, le texte. 1 vol. in-8. . . . . 20 fr.
   Séparément, l'Atlas. 1 vol. in-4. . . . . 25 fr.

ANGLADA. Études sur les maladies nouvelles et les maladies éteintes, pour servir à l'histoire des évolutions séculaires de la pathologie, par CH. ANGLADA, professeur de la Faculté de médecine de Montpellier. Paris, 1869. 1 vol. in-8 de 700 pages. . . . . 8 fr.

ANNALES D'HYGIÈNE PUBLIQUE ET DE MÉDECINE LÉGALE, par MM. BEAUGRAND, BRIERRE DE BOISMONT, CHEVALLIER, L. COLIN, DELPECH, DEVERGIE, FONSSAGRIVES, FOVILLE, GALLARD, GAUCHET, GAULTIER DE CLAUBRY, A. GAUTIER, G. LAGNEAU, PROUST, ROUSSIN, AMB. TARDIEU, E. VALLIN, VERNOIS, avec une revue des travaux français et étrangers, par MM. O. DU MESNIL et STROHL.
   Paraissant tous les 2 mois par cahiers de 12 feuilles in-8, avec pl.
   Prix de l'abonnement annuel pour Paris. . . . . 22 fr.
   Pour les départements. . . . . 24 fr.
   Pour l'Union postale. 25 fr.
   La première série, collection complète 1829 à 1853, dont il ne reste que peu d'exemplaires, 50 vol. in-8, figures. . . . . . . 500 fr.
   Tables alphabétiques par ordre des matières et des noms d'auteurs des Tomes I à L 1829 à 1853. Paris, 1853. In-8 de 136 pages à 2 col. 3 fr. 50
   Chacune des dernières années séparément, jusqu'à 1871 inclus. 18 fr.
   — Depuis 1872 jusqu'à 1875 inclusivement. . . . . 20 fr.
   La seconde série a commencé avec le cahier de janvier 1854.
   On ne vend pas séparément : 1re série, tomes I et II 1829, tomes XI et XII 1854, tomes XV et XVI 1856. — 2e série, tomes XI et XII 1859, tomes XIII et XIV 1860.

ANNUAIRE PHARMACEUTIQUE, ou Exposé analytique des travaux de pharmacie, physique, histoire naturelle pharmaceutique, hygiène, toxicologie et pharmacie légale, fondé par O. REVEIL et L. PARISEL, continué par C. MÉHU, pharmacien en chef de l'hôpital Necker. Paris, 1865-1874. 11 vol. in-18, de chacun 500 pag., avec fig. Prix de chacun. 4 fr. 50

BARELLA. Quelques considérations pratiques sur le diagnostic et le traitement des maladies organiques du cœur. Bruxelles, 1872. 1 vol. in-8. . . . . 5 fr.

BARRAULT E., Parallèle des eaux minérales de France et d'Allemagne. Guide pratique du médecin et du malade, avec une introduction par le docteur DURAND-FARDEL. Paris, 1872. In-18 de XXII-372 p. 3 fr. 50

BEALE. De l'Urine, des dépôts urinaires et des calculs, de leur composition chimique, de leurs caractères physiologiques et pathologiques et des indications thérapeutiques qu'ils fournissent dans le traitement des maladies. Traduit de l'anglais et annoté par MM. Auguste OLLIVIER, médecin des hôpitaux, et G. BERGERON, professeur agrégé de la Faculté de médecine. Paris, 1865. 1 vol. in-18, 40 p. avec 156 figures. . 7 fr.

BEAUMONT (Élie de). Leçons de Géologie pratique, professées au Collége de France. Paris, 1845-1869. 2 vol. in-8 avec planches. . . 14 fr.
Séparément, Tome II, 1869. . . . . 5 fr.

BEAUNIS. Nouveaux éléments de physiologie humaine, comprenant les principes de la physiologie comparée et de la physiologie générale, par H. Beaunis, professeur de physiologie à la Faculté de médecine de Nancy. Paris, 1876. 1 vol. in-8 de 1100 pages avec 350 fig. Cart. . . . . 14 fr.

BEAUNIS et BOUCHARD. Nouveaux éléments d'anatomie descriptive et d'embryologie, par H. Beaunis, professeur à la Faculté de médecine de Nancy, et H. Bouchard, professeur agrégé à la Faculté de médecine de Nancy. *Deuxième édition*. Paris, 1875. 1 v. grand in-8 de 1104 pages avec 421 figures. Cart. . . . . 18 fr.

BEAUREGARD. Des difformités des doigts (dactylolyses). Dactylolyses essentielles (ainhum) dactylolyse de cause interne et de cause externe. Etude de séméiologie par le docteur G. Beauregard (du Havre). Paris, 1875. 1 vol. in-8 de 110 pages, avec 6 planches. . . . . 4 fr.

BECLU (H.). Nouveau manuel de l'herboriste ou traité des propriétés médicinales des plantes exotiques et indigènes du commerce, suivi d'un Dictionnaire pathologique, thérapeutique et pharmaceutique. 1872. 1 vol. in-12 de xiv-256 pages, avec 55 figures. . . . . 2 fr. 50

BELLYNCK. Cours élémentaire de botanique. par A. Bellynck, professeur au collége Notre-Dame de la Paix, à Namur. *Deuxième édition*. 1876, 1 vol. in-8 de 680 pages, avec 905 gravures. . . . . 10 fr.

BERGERET (L.-F.). Des fraudes dans l'accomplissement des fonctions génératrices, causes, dangers et inconvénients pour les individus, la famille et la société, remèdes, par L. F. Bergeret, médecin en chef de l'hôpital d'Arbois (Jura). *Quatrième édition*. Paris, 1874. 1 vol. in-18 jésus de 228 pages. 2 fr. 50
— **De l'abus des boissons alcooliques**, dangers et inconvénients pour les individus, la famille et la société. Moyens de modérer les ravages de l'ivrognerie. Paris, 1870. In-18 jésus de viii-380 pages. . . . . 3 fr.

BERNARD (Claude). Leçons de Physiologie expérimentale appliquée à la médecine, faites au Collège de France, par Cl. Bernard, membre de l'Institut de France, professeur au Collége de France, professeur au Muséum d'histoire naturelle. Paris, 1855-1856. 2 vol. in-8, avec fig. 14 fr.
— **Leçons sur les effets des substances toxiques et médicamenteuses.** Paris, 1857. 1 vol. in-8, avec 32 figures. . . . . 7 fr.
— **Leçons sur la physiologie et la pathologie du système nerveux.** Paris, 1858. 2 vol. in-8, avec figures. . . . . 14 fr.
— **Leçons sur les propriétés physiologiques et les altérations pathologiques des liquides de l'organisme.** Paris, 1859. 2 vol. in-8, av. fig. 14 fr.
— **Introduction à l'étude de la médecine expérimentale.** Paris, 1865 In-8, 400 pages. 7 fr.
— **Leçons de pathologie expérimentale.** Paris, 1871. 1 vol. in-8 de 600 pages. . . . . 7 fr
— **Leçons sur les anesthésiques et sur l'asphyxie.** Paris, 1875. 1 vol. in-8 de 520 pages avec figures. . . . . 7 fr.
— **Leçons sur la chaleur animale**, sur les effets de la chaleur et sur la fièvre. Paris, 1876. In-8 de 469 pages, avec fig. . . . . 7 fr.

BERNARD (Claude) et HUETTE. Précis iconographique de médecine opératoire et d'anatomie chirurgicale, par Claude Bernard et Ch. Huette (de Montargis). *Nouveau tirage*. Paris, 1873. 1 vol. in-18 jésus, avec 113 planches, figures noires. Cartonné. . . . . 24 fr.
— Le même, figures coloriées . . . . 48 fr.

BERNARD (H.). Premiers secours aux blessés sur le champ de bataille et dans les ambulances, par le docteur H. BERNARD, ancien chirurgien des armées, précédée d'une introduction par J. N. DEMARQUAY, chirurgien de la Maison municipale de santé. Paris, 1870. In-18 de 164 p' avec 79 figures. 2 fr.

BERT (Paul). Leçons sur la physiologie comparée de la respiration, par Paul BERT, professeur à la Faculté des sciences. Paris, 1870. 1 vol. in-8 de 500 pages avec 150 fig.. . . . . 10 fr.

BLANCHARD. Les poissons des eaux douces de la France. Anatomie, physiologie, description des espèces, mœurs, instincts, industrie, commerce, ressources alimentaires, pisciculture, législation concernant la pêche, par ÉMILE BLANCHARD, membre de l'Institut, professeur au Muséum d'histoire naturelle. Paris, 1866. 1 magnifique volume, grand in-8, avec 151 figures dessinées d'après nature. . . . . 12 fr.

BOISSEAU. Des maladies simulées et des moyens de les reconnaître, par le docteur Edm. BOISSEAU, professeur agrégé. Paris, 1870. 1 vol. in-8 de 500 pages. . . . . 7 fr.

BOIVIN et DUGÈS. Anatomie pathologique de l'utérus et de ses annexes, fondée sur un grand nombre d'observations classiques ; par madame BOIVIN, docteur en médecine, sage-femme en chef de la Maison de santé, et A. DUGÈS, professeur à la Faculté de médecine de Montpellier. Paris. 1866. Atlas in-folio de 41 planches, gravées et coloriées, *représentant les principales altérations morbides des organes génitaux de la femme*, avec explication. . . . . 45 fr.

BONNAFONT. Traité théorique et pratique des maladies de l'oreille et des organes de l'audition, par le docteur J. B. BONNAFONT. *Deuxième édition*. Paris, 1873. 1 vol. in-8, XVI-700 pages, avec 43 figures. 10 fr.

BONNET. Traité de thérapeutique des Maladies articulaires, Paris, 1853. 1 vol. in-8, XVIII-684 pages, avec 97 figures.. . . . . . . 9 fr.

— **Maladies des articulations.** Atlas in-4 de 16 planches contenant 58 dessins avec texte explicatif. . . . . 6 fr.

— **Nouvelles méthodes de traitement des Maladies articulaires.** *Seconde édition*, revue et augmentée d'une notice historique, par le docteur GARIN, médecin de l'Hôtel-Dieu de Lyon, accompagnée d'observations sur la rupture de l'ankylose, par MM. BARRIER, BERNE, PHILIPEAUX et BONNES. Paris, 1860, in-8 de 356 pages, avec 17 figures. . . . . . . 4 fr. 50

BOUCHUT. Traité pratique des Maladies des nouveau-nés, des enfants à la mamelle et de la seconde enfance, par le docteur E. BOUCHUT, médecin de l'hôpital des Enfants malades, professeur agrégé à la Faculté de médecine. *Sixième édition*, corrigée et augmentée. Paris, 1873. 1 vol. in-8 de VIII-1092 pages, avec 179 figures. . . . . 16 fr.

Ouvrage couronné par l'Institut de France (Académie des sciences).

Après une longue pratique et plusieurs années d'enseignement clinique à l'hôpital des Enfants-Malades, M. Bouchut, pour répondre à la faveur publique, a étendu son cadre et complété son œuvre, en y faisant entrer indistinctement toutes les maladies de l'enfance jusqu'à la puberté. On trouvera dans son livre la médecine et la chirurgie du premier âge.

— **Hygiène de la Première Enfance,** guide des mères pour l'allaitement, le sevrage et le choix de la nourrice, chez les nouveau-nés. *Sixième édition*, revue et augmentée. Paris, 1874. In-18 de VIII-525 pages, avec 49 figures.. . . . . 4 fr.

— **La vie et ses attributs dans leurs rapports avec la philosophie, l'histoire naturelle et la médecine.** *Deuxième édition*. Paris, 1876, 1 vol. in-18 jésus de 450 pages. . . . . 4 fr. 50

— **Nouveaux éléments de Pathologie générale, de Séméiologie et de diagnostic,** comprenant : la nature de l'homme, l'histoire générale de la maladie, les différentes classes de maladies, l'anatomie pathologique générale, de l'histologie pathologique, le pronostic, la thérapeutique générale, les éléments du diagnostic par l'étude des symptômes et l'emploi des moyens physiques (auscultation, percussion, cérébroscopie, laryngoscopie, microscopie, chimie pathologique, spirométrie, etc.). *Troisième édition.* Paris, 1875. 1 vol. grand in-8 de 1312 pages. 20 fr.

BOUCHUT. Traité des signes de la mort, et des moyens de ne pas être enterré vivant. *Deuxième édition,* augmentée d'une étude sur de nouveaux signes de la mort. Paris, 1874. 1 vol. in-18 jésus de vIII-468 p. 4 fr.

— **Du Nervosisme et des maladies nerveuses.** Paris, 1877. 1 vol. in-8, 400 pages.

BOURGEOIS (L. X.). Les passions dans leurs rapports avec la santé et les maladies, par le docteur X. BOURGEOIS, lauréat de l'Académie de médecine de Paris. — *L'amour et le libertinage. Troisième édition* augmentée. Paris, 1871. 1 vol. in-12 de 208 pages. . . . . . . 2 fr.

BOURGEOIS (L. X.). De l'influence des maladies de la femme pendant la grossesse sur la constitution et la santé de l'enfant, par M. le docteur L. X. BOURGEOIS, médecin à Tourcoing. Paris, 1861. 1 vol. in-4. 3 fr. 50

BOURGUIGNAT (J. R.). Les Spicilèges malacologiques. Paris, 1862. 1 vol. in-8, avec 15 planches en partie coloriées.. . . . . . . 25 fr.

Cet important ouvrage comprend 15 monographies : 1° genre Choanomphalus; catalogue des Paludinées recueillies en Sibérie sur le territoire de l'Amour; 3° Limaciens; 4° Limaces algériennes; 5° Parmacella; 6° genre Testacella; 7° genre Pyrgula; 8° genre Gundlachia; 9° genre Poeyia; 10° genre Brondelia; 11° Limaces d'Europe; 12° Paludinées de l'Algérie; 13° et 14° Vivipara; 15° genre Ancylus.

BRAIDWOOD (P. M.). De la Pyohémie ou fièvre suppurative, traduction par EDW. ALLING, revue par l'auteur. Paris, 1870. 1 vol. in-8 de 300 pages avec 12 planches chromo-lithographiées. . . . . 8 fr.

BRAUN, BROUWERS et DOCX. Gymnastique scolaire en Hollande, en Allemagne et dans les pays du Nord, par MM. BRAUN, BROUWERS et DOCX, suivie de l'état de l'enseignement de la gymnastique en France. Paris, 1874. In-8 de 168 pages. . . . . 3 fr. 50

BREHM. La vie des animaux illustrée, ou description populaire du règne animal, par A. E. BREHM. Édition française, revue par Z. GERBE. Caractères, mœurs, instincts, habitudes et régime, chasses, combats, captivité, domesticité, acclimatation, usages et produits.

— **Les Mammifères.** 2 vol. grand in-8 avec 800 figures et 40 planches, broché. . . . . 21 fr.
— Cartonné en toile, doré sur tranches, avec fers spéciaux. . . . 28 fr.
— Relié en demi-maroquin, doré sur tranches. . . . . 30 fr.
— **Les Oiseaux.** 2 vol. grand in-8, avec 700 fig. et 40 pl. broché. 21 fr.
— Cartonné en toile, doré sur tranches, fers spéciaux.. . . . . . 28 fr.
— Relié en demi-maroquin, doré sur tranches. . . . . 30 fr.

BRIAND et CHAUDÉ. Manuel complet de Médecine légale, ou Résumé des meilleurs ouvrages publiés jusqu'à ce jour sur cette matière, et des jugements et arrêts les plus récents, par J. BRIAND, docteur en médecine de la Faculté de Paris, et Ernest CHAUDÉ, docteur en droit, et contenant un *Traité élémentaire de chimie légale,* par J. BOUIS, professeur agrégé de toxicologie à l'Ecole de pharmacie de Paris. *Neuvième édition.* Paris, 1873. 1 vol. grand in-8 de vIII-1088 pages, avec 3 planches gravées et 37 figures. . . . . 18 fr.

BRUCKE. Des couleurs au point de vue physique, physiologique, artistique et industriel, par le docteur ERNEST BRUCKE, professeur à l'Université de Vienne, membre de l'Académie des sciences et du Conseil du musée pour l'art et l'industrie, traduit de l'allemand sous les yeux de l'auteur, par P. SCHUTZENBERGER. Paris, 1866. In-18 jésus, 344 pages avec 46 figures . . . . 4 fr.

1.

CARRIÈRE. Le climat de l'Italie et des stations du midi de l'Europe, sous le rapport hygiénique et médical, par le Dr Carrière, médecin de Monseigneur le comte de Chambord. *Deuxième édition*, 1876. 1 vol. in-8 de 640 pages. . . . . 9 fr.

CAUVET. Nouveaux éléments d'histoire naturelle médicale, Paris, 1869, 2 vol. in-18 jésus d'environ 600 pages, avec 790 figures. . 12 fr.

CHAILLY. Traité pratique de l'Art des accouchements. *Cinquième édition*, revue et corrigée. Paris, 1867. 1 vol. in-8 de xxiv-1036 pages, avec 1 pl. et 282 figures. . . . . 10 fr.
  Ouvrage adopté par le Conseil de l'Instruction publique pour les facultés de médecine, les écoles préparatoires et les cours départementaux institués pour les sages-femmes.

CHANTREUIL. Les dispositions du cordon (la procidence exceptée) qui peuvent troubler la marche régulière de la grossesse et de l'accouchement par G. Chantreuil, professeur agrégé de la Faculté de médecine de Paris, 1875. in-8 de 176 pages. . . . . 4 fr.

CHATIN (J.) Du siége des substances actives dans les plantes médicales, 1876, grand in-8; 176 pages avec deux planches en lithographie.

CHAUVEAU. Traité d'anatomie comparée des animaux domestiques. 2e édition, revue et augmentée avec la collaboration de M. Arloing. Paris, 1871. 1 vol. in-8 avec 568 figures. . . . . 20 fr.

CHEVREUL. Des couleurs et de leurs applications aux arts industriels à l'aide des cercles chromatiques, par M. E. Chevreul, membre de l'Académie des sciences, professeur au Muséum, directeur de la manufacture des Gobelins. Paris, 1864. Petit in-folio, avec 27 planches gravées sur acier et imprimées en couleur par M. René Digeon, cart. en toile. 35 fr.

CHURCHILL. Traité pratique des maladies des femmes, hors l'état de grossesse, pendant la grossesse et après l'accouchement, par Fleetwood Churchill, professeur d'accouchements, de maladies des femmes et des enfants, à l'Université de Dublin. Traduit de l'anglais par les docteurs Wieland et Dubrisay. *Deuxième édition* contenant l'exposé des travaux français et étrangers les plus récents, par le Dr Leblond. Paris, 1874. 1 vol. grand in-8 de 1258 p., avec 339 figures. . . . . 18 fr.

CIVIALE. Traité pratique sur les Maladies des Organes génito-urinaires, par le docteur Civiale, membre de l'Institut et de l'Académie de médecine. *Troisième édition*, augmentée. Paris, 1858-1860, 3 vol. in-8, avec figures. . . . . 24 fr.
  Cet ouvrage, le plus pratique et le plus complet sur la matière, est ainsi divisé :
  Tome I. Maladies de l'urèthre. — Tome II. Maladies du col de la vessie et de la prostate. — Tome III. Maladies du corps de la vessie.

CODEX medicamentarius. Pharmacopée française rédigée par ordre du gouvernement, la commission de rédaction étant composée de professeurs de la Faculté de médecine et de l'École supérieure de pharmacie de Paris, et de membres de l'Académie de médecine et de la Société de pharmacie de Paris. Paris, 1866. 1 fort vol. grand in-8, cartonné à l'anglaise. . . . . 9 fr. 50
  Franco par la poste. . . . . 11 fr. 50
— Le même, interfolié de papier réglé et solidement relié en demi-maroquin. . . . . 16 fr. 50
  Le nouveau Codex medicamentarius, Pharmacopée française, édition de 1866, sera et demeurera obligatoire pour les pharmaciens à partir du 1er janvier 1867.
  (*Décret du 5 décembre 1866.*)

Commentaires thérapeutiques du Codex. Voy. Gubler, page 18.

COLIN (G.) Traité de physiologie comparée des animaux, considérée dans ses rapports avec les sciences naturelles, la médecine, la zootechnie et l'économie rurale, par G. Colin, professeur à l'école vétérinaire d'Alfort. *Deuxième édition.* Paris, 1871-72. 2 vol. in-8 avec 250 figures. 26 fr.

COLIN (Léon). **Traité des fièvres intermittentes**, par Léon Colin, professeur à l'École du Val-de-Grâce. Paris, 1870. 1 vol. in-8 de 500 pages, avec un plan médical de Rome. . . . . 8 fr.

— **De la Variole**, au point de vue épidémiologique et prophylactique. Paris, 1873. 1 vol. in-8 de 200 pages avec 3 figures. . . . . 3 fr. 50

COMITÉ consultatif d'Hygiène publique de France (Recueil des travaux et des actes officiels de l'Administration sanitaire), publié par ordre de M. le Ministre de l'agriculture et du commerce. Paris, 1872. Tome I. 1 vol. in-8 de xxiv-451 pages. . . . . 8 fr.

— Tome II. Paris, 1873. 1 vol. in-8 de 432 pages avec 2 cartes. . 8 fr.

— Tome II, 2e partie, contenant l'Enquête sur le goître et le crétinisme. Rapport par M. Baillarger. Paris, 1873. 1 vol. in-8 de 376 pages, avec 3 cartes (pas séparément de la collection) . . . . 7 fr.

— Tome III. Paris, 1874. 1 vol. in-8 de 404 pages. . . . . 8 fr.

— Tome IV. Paris, 1875. 1 vol. in-8 avec cartes. . . . . 8 fr.

— Tome V. Paris, 1876. 1 vol. in-8 avec carte coloriée. . . . . . . 8 fr.

COMTE (A.). Cours de philosophie positive, par Auguste Comte, répétiteur d'analyse transcendante et de mécanique rationnelle à l'École polytechnique. *Troisième édition*, augmentée d'une préface par E. Littré, et d'une table alphabétique des matières. Paris, 1869. 6 vol. in-8. . . . 45 fr.

Tome I. Préliminaires généraux et philosophie mathématique. — Tome II. Philosophie astronomique et philosophie physique.— Tome III. Philosophie chimique et philosophie biologique. — Tome IV. Philosophie sociale (partie dogmatique). — Tome V. Philosophie sociale (partie historique : état théologique et état métaphysique). — Tome VI. Philosophie sociale (complément de la partie historique, et Conclusions générales.

— **Principes de philosophie positive**, précédés de la préface d'un disciple, par E. Littré. Paris, 1868. 1 vol. in-18 jésus, 208 pag. . . 2 fr. 50

Les *Principes de philosophie positive* sont destinés à servir d'introduction à l'étude du *Cours de philosophie*, ils contiennent : 1° l'exposition du but du cours, ou considérations générales sur la nature et l'importance de la philosophie positive; 2° l'exposition du plan du cours, ou considérations générales sur la hiérarchie des sciences.

CONTEJEAN. Éléments de géologie et de paléontologie, par Contejean, professeur d'histoire naturelle à la Faculté des sciences de Poitiers. Paris, 1874. 1 vol. in-8 de 750 pages, avec 467 figures. Cartonné. 16 fr.

CORLIEU (A.). Aide-mémoire de médecine, de chirurgie et d'accouchements, vade-mecum du praticien, par le docteur A. Corlieu. *Deuxième édition.* Paris, 1872. 1 vol. in-18 jésus de 700 pages avec 418 fig. Cart. . . . . 6 fr.

CORRE. La pratique de la chirurgie d'urgence, par le docteur A. Corre, ex-médecin de 1re classe de la marine. Paris, 1872. In-18 de viii-216 p., avec 51 figures. . . . . 2 fr.

CRUVEILHIER. Anatomie pathologique du Corps humain, ou Descriptions, avec figures lithographiées et coloriées, des diverses altérations morbides dont le corps humain est susceptible; par J. Cruveilhier, professeur d'anatomie pathologique à la Faculté de médecine de Paris, médecin de l'hôpital de la Charité, président perpétuel de la Société anatomique, etc. Paris, 1830-1842. 2 vol. in-folio, avec 230 pl. col. 456 fr.

Demi-rel., dos de maroquin, non rog. Prix pour les 2 v. gr. in-fol. 24 fr.

Ce bel ouvrage est complet; il a été publié en 41 livraisons, chacune contenant 6 feuilles de texte in-folio grand raisin vélin, caractère neuf de F. Didot, avec 5 pl. coloriées avec le plus grand soin, et 6 planches lorsqu'il n'y a que 4 planches de coloriées. Chaque livraison. . . . . 11 fr.

CRUVEILHIER. Traité d'Anatomie pathologique générale, par J. Cruveilhier, professeur d'anatomie pathologique à la Faculté de médecine de Paris. *Ouvrage complet.* Paris, 1849-1864. 5 vol. in-8. . . . . . 35 fr.

Tome V et dernier, dégénérations aréolaires et gélatiniformes, dégénérations cancéreuses proprement dites, par J. Cruveilhier ; pseudo-cancers et tables alphabétiques, par Ch. Houel. Paris, 1864. 1 v. in-8 de 420 p. 7 fr.

Cet ouvrage est l'exposition du Cours d'anatomie pathologique que M. Cruveilhier fait à la Faculté de médecine de Paris. Comme son enseignement, il est divisé en XVIII classes, savoir : Tome Ier, 1° solutions de continuité ; 2° adhésions ; 3° luxations ; 4° invaginations ; 5° hernies ; 6° déviations. — Tome II, 7° corps étrangers ; 8° rétrécissements et oblitérations ; 9° lésions de canalisation par communication accidentelle ; 10° dilatations. — Tome III, 11° hypertrophies ; 12° atrophies ; 13° métamorphoses et productions organiques analogues. — Tome IV, 14° hydropisies et flux ; 15° hémorrhagies ; 16° gangrènes ; 17° inflammations ou phlegmasies. — Tome V, 18° dégénérations organiques.

CURTIS. Du traitement des rétrécissements de l'urèthre par la dilatation progressive, par le docteur T. B. Curtis. Paris, 1873. In-8 de 113 pages. . . . . 2 fr. 50

CUVIER (G.). Les Oiseaux, décrits et figurés d'après la classification de Georges Cuvier, mise au courant des progrès de la science. Paris, 1870, 1 vol. in-8 avec 72 pl. contenant 464 fig. noires, 30 fr. Fig. color. 50 fr.

— **Description des Animaux sans vertèbres découverts dans le bassin de Paris,** pour servir de supplément à la Description des coquilles. fr.

— **Les Mollusques.** Paris, 1868. 1 vol. in-8 avec 36 pl. contenant 520 figures noires, 15 fr. ; fig. coloriées. . . . . 25 fr.

— **Les Vers et les Zoophytes.** Paris. 1869. 1 vol. in-8 avec 37 planches, contenant 550 figures. — Fig. noires, 15 fr. ; fig. color. . . . . . 25 fr.

CYON. Principes d'électrothérapie, par le docteur Cyon, professeur à l'Académie médico-chirurgicale de Saint-Pétersbourg. Paris. 1873. 1 vol. in-8 de viii-275 pages avec figures. . . . . 4 fr.

CZERMAK. Du laryngoscope et de son emploi en physiologie et en médecine, par le docteur J. N. Czermak, professeur de physiologie à l'Université de Pesth. Paris, 1860, in-8, avec 2 pl. grav. et 31 fig. 3 fr. 50

DALTON. Physiologie et hygiène des écoles, des colléges et des familles, par Dalton, professeur à l'Université de New-York. Traduit par le Dr E. Acosta. Paris, 1870. 1 v. in-18 jés. de 500 p., avec 66 fig. 4 fr.

DAREMBERG. Histoire des sciences médicales, comprenant l'anatomie, la physiologie, la médecine, la chirurgie et les doctrines de pathologie générale, par Ch. Daremberg, professeur à la Faculté de médecine. membre de l'Académie de médecine, bibliothécaire de la bibliothèque Mazarine, etc. Paris, 1870. 2 vol. in-8. . . . . 20 fr.

DAVASSE. La Syphilis, ses formes, son unité, par J. Davasse, ancien interne des hôpitaux de Paris. Paris, 1865. 1 vol. in-8, 570 pag. 8 fr.

DEGLAND et GERBE. Ornithologie européenne, ou Catalogue descriptif, analytique et raisonné des oiseaux observés en Europe, par Degland et Z. Gerbe, préparateur du Cours d'Embryogénie au Collège de France. *Deuxième édition* entièrement refondue. Paris, 1867. 2 vol. in-8. . 24 fr.

DEPIERRIS. Physiologie sociale, le Tabac qui contient le plus violent des poisons, la nicotine, abrége-t-il l'existence ? Est-il cause de la dégénérescence physique et morale des sociétés modernes ? par le Dr H. A. Depierris. 1876. 1 vol. in-8 de 512 pages. . . . . 6 fr.

DESHAYES (G.-P.) **Conchyliologie de l'Ile de la Réunion** (Bourbon). Paris, 1863. Gr. in-8, 144 pages, avec 14 planches coloriées. . . 10 fr.

— **Coquilles fossiles des environs de Paris.** 1837-1874, 166 planches avec explication détaillée en 2 volumes in-4, cart.. . . . . . . 120 fr.

Quelques exemplaires seulement.

quilles fossiles des environs de Paris, comprenant une revue générale de toutes les espèces actuellement connues; par G. P. Deshayes, professeur au Muséum d'histoire naturelle. Paris, 1860-1866. *Ouvrage complet.* 3 vol. in-4 de texte et 2 vol. in-4 de 196 planch., publié en 50 livraisons. Prix de chaque livrais, 5 fr. — Prix de l'ouvrage complet. . . 250 fr.

Dictionnaire général des Eaux minérales et d'Hydrologie médicale, comprenant la géographie et les stations thermales, la pathologie thérapeutique, la chimie analytique, l'histoire naturelle, l'aménagement des sources, l'administration thermale, etc., par MM. Durand-Fardel, inspecteur des sources d'Hauterive à Vichy, E. Le Bret, inspecteur des eaux minérales de Baréges, J. Lefort, pharmacien, avec la collaboration de M. Jules François, ingénieur en chef des mines, pour les applications de la science de l'ingénieur à l'hydrologie médicale. Paris, 1860. 2 forts volumes in-8 de chacun 750 pages . . . . 20 fr
Ouvrage couronné par l'Académie de médecine.

Dictionnaire de Médecine, de Chirurgie, de Pharmacie, de l'Art vétérinaire et des Sciences qui s'y rapportent, publié par J.-B. Baillière et Fils. *Treizième édition*, entièrement refondue par E. Littré, membre de l'Institut de France (Académie française et Académie des inscriptions), et Ch. Robin, professeur à la Faculté de médecine de Paris, membre de l'Académie de médecine. Ouvrage contenant la synonymie *grecque, latine, allemande, anglaise, italienne et espagnole* et le Glossaire de ces diverses langues. Paris, 1873. 1 beau volume grand in-8 de 1,700 pag. à deux colonnes, avec plus de 550 figures. . . . . 20 fr.
Demi-reliure maroquin, plats en toile . . . . 4 fr.
Demi-reliure maroquin à nerfs, plats en toile, très-soignée . . . 5 fr.

Il y a plus de soixante ans que parut pour la première fois cet ouvrage longtemps connu sous le nom de *Dictionnaire de médecine de Nysten* et devenu classique par un succès de onze éditions.

Les progrès incessants de la science rendaient nécessaires, pour cette treizième édition, une révision générale de l'ouvrage et plus d'unité dans l'ensemble des mots consacrés aux théories nouvelles et aux faits nouveaux que l'emploi du microscope, les progrès de l'anatomie générale, normale et pathologique, de la physiologie, de la pathologie, de l'art vétérinaire, etc., ont créés.

M. Littré, connu par sa vaste érudition et par son savoir étendu dans la littérature médicale, nationale et étrangère, et M. le professeur Ch. Robin, que de récents travaux ont placé si haut dans la science, se sont chargés de cette tâche importante. Une addition qui sera justement appréciée, c'est la Synonymie *grecque, latine, anglaise, allemande, italienne, espagnole*, qui, avec les glossaires, fait de ce Dictionnaire un Dictionnaire polyglotte.

DONNÉ. Hygiène des gens du monde, par Al. Donné, recteur de l'Académie de Montpellier. Paris, 1870. 1 vol. in-18 jésus de 540 pages. 4 fr.
Table des matières. — A mon éditeur. — Utilité de l'hygiène. — Hygiène des saisons. — Exercices et voyages de santé. — Eaux minérales. — Bains de mer. — Hydrothérapie. — La fièvre. — Hygiène des poumons. — Hygiène des dents. — Hygiène de l'estomac. — Hygiène des yeux. — Hygiène des femmes nerveuses. — La toilette et la mode, ***.

— **Conseils aux mères sur la manière d'élever les enfants nouveau-nés.** 5e *édition*. Paris, 1875. 1 vol. in-18 jésus de 350 p. . . . . 3 fr.

DUCHARTRE. Éléments de Botanique comprenant l'anatomie, l'organographie, la physiologie des plantes, les familles naturelles et la géographie botanique, par P. Duchartre, de l'Institut (Académie des sciences), professeur à la Faculté des sciences. *Deuxième édition*. 1876. 1 vol. in-8 de 1010 pages, avec 500 figures. Cart. . . . . 18 fr.

DUCHENNE. De l'Électrisation localisée et de son application à la pathologie et à la thérapeutique; par le docteur Duchenne (de Boulogne). lauréat de l'Institut de France. *Troisième édition*, entièrement refondue, Paris, 1872. 1 vol. in-8 avec 279 fig. et 3 pl. noires et coloriées. 18 fr.

1..

DUCHENNE. Mécanisme de la physionomie humaine, ou analyse électro-physiologique de l'expression des passions, publié en trois éditions :
1° *Edition grand in-octavo* formant 1 vol. de 264 pages, avec 9 planches représentant 144 fig. photographiées. *Deuxième édition*. . . 20 fr.
2° *Édition de luxe* formant 1 vol. grand in-8, avec atlas composé de 74 planches photographiées et de 9 planches représentant 144 fig. *Deuxième édition*. Cart. . . . . 68 fr.
3° *Grande edition* in-folio, dont il ne reste que 2 exemplaires, formant 84 pages de texte in-folio à deux colonnes et 84 planches, tirées d'après les clichés primitifs, dont 74 sur plaques normales et représentant l'ensemble des expériences électro-physiologiques. . . . . 200 fr.
— **Physiologie des mouvements**, démontrée à l'aide de l'expérimentation électrique et de l'observation clinique, et applicable à l'étude des paralysies et des déformations. Paris, 1867. In-8, xvi, 872 pag. avec 101 fig. 14 fr.

DUTROULAU. Traité des maladies des Européens dans les pays chauds (régions intertropicales), climatologie et maladies communes, maladies endémiques, par le docteur A. F. DUTROULAU, médecin en chef de la marine. *Deuxième édition*. Paris, 1868. In-8, 650 pages. . 8 fr.

DUVAL. Cours de physiologie. Voyez KESS, page 22.
— **Structure et usage de la rétine.** Paris, 1872. 1 vol. in-8 de 142 pages avec figures. . . . . : . . . . 3 fr.

ÉCOLE DE SALERNE (L'). Traduction en vers français. par CH. MEAUX SAINT-MARC, avec le texte latin en regard (1870 vers), précédée d'une introduction par M. le docteur CH. DAREMBERG. — **De la Sobriété**, conseils pour vivre longtemps, par L. CORNARO, traduction nouvelle. Paris, 1861. 1 joli vol. in-18 jésus de LXXII-344 pages avec 5 vignettes. . . . 3 fr. 50

ENGEL. La série grasse et la série aromatique. Comparaison des deux séries. 1876, gr. in-8, 112 pages . . . . 2 fr. 50

ESPANET (Alexis). La pratique de l'homœopathie simplifiée. 1874. 1 vol. in-18 jésus de XXI-346 pages. Cartonn. . . . . 4 fr. 50
— **Traité méthodique et pratique de Matière médicale et de Thérapeutique**, basé sur la loi des semblables. Paris, 1861. In-8 de 808 p. . 9 fr.

FAGET (J.-C.). Monographie sur le type et la spécificité de la fièvre jaune établie avec l'aide de la montre et du thermomètre, par le docteur J.-C. FAGET, de la Faculté de Paris, etc. Paris, 1875. Grand in-8 de 84 pages, avec 109 tracés graphiques (pouls et température). . . 4 fr.

FALRET (J.-P.). Des maladies mentales et des asiles d'aliénés. Paris, 1864. In-8, LXX-800 pages avec 1 planche. . . . . 11 fr.

FAU (J.). Anatomie artistique élémentaire du corps humain. *Cinquième édition*. Paris, 1876. 1 vol. in-8, 17 pl. gravées, avec texte explicatif, figures noires. . . . . 4 fr.
— LE MÊME, figures coloriées. . . . . 10 fr.

FELTZ. Traité clinique et expérimental des embolies capillaires, par V. FELTZ, professeur à la Faculté de médecine de Nancy. *Deuxième édition*. Paris, 1870. In-8 de 450 pages, avec 11 planches chromolithographiées, comprenant 90 dessins. . . . . 12 fr.

FERRAND (E.). Aide-mémoire de pharmacie, vade-mecum du pharmacien à l'officine et au laboratoire, par E. FERRAND, pharmacien à Paris. Paris, 1872. 1 vol. in-18 jésus, de 700 p. avec 250 figures; cart. . . . . 6 fr.

FERRAND (A.). Traité de thérapeutique médicale, ou guide pour l'application des principaux modes de médication thérapeutique et au traitement des maladies, par le docteur A. FERRAND, médecin des hôpitaux. Paris, 1875. 1 vol. in-18 jésus de 800 pages. Cart. . . . . . . 8 fr.

FEUCHTERSLEBEN. Hygiène de l'âme, traduit de l'allemand, par

SCHLESINGER-RAHIER. *Troisième édition*, précédée d'études biographiques et littéraires. Paris, 1870. 1 vol. in-18 de 260 pages. . . . . 2 fr. 50

FIOUPE (J.). Lymphatiques utérins, et parallèle entre la lymphangite et la phlébite utérines (suites de couches), 1876, avec tracés graphiques intercalés dans le texte, et en lithographie . . . . . 2 fr. 50

FOISSAC. De l'influence des climats sur l'homme et des agents physiques sur le moral. Paris, 1867. 2 vol. in-8. . . . . 15 fr.

— **La longévité humaine**, ou l'art de conserver la santé et de prolonger la vie. Paris, 1873, 1 vol. grand in-8 de 567 pages. . . . . . 7 fr. 50

— **La chance ou la destinée.** Paris, 1876, 1 vol. in 8 de 662 pages. 7 fr. 50

FONSSAGRIVES. Hygiène et assainissement des villes; campagnes et villes ; conditions originelles des villes ; rues ; quartiers ; plantations ; promenades ; éclairage ; cimetières ; égouts ; eaux publiques ; atmosphère ; population ; salubrité ; mortalité ; institutions actuelles d'hygiène municipale ; indications pour l'étude de l'hygiène des villes. Paris, 1874. 1 vol. in-8 de XII-568 pages. . . . . 8 fr.

— **Principes de thérapeutique générale** ou le médicament étudié aux points de vue physiologique, posologique et clinique, par J.-B. FONSSAGRIVES, prof. à la Faculté de médecine de Montpellier, 1875. 1 v. in-8 de 468 p. 7 fr.

— **Hygiène alimentaire** des malades, des convalescents et des valétudinaires, ou du Régime envisagé comme moyen thérapeutique. *Deuxième édition*, revue et corrigée. Paris, 1867. 1 vol. in-8 de XXXII-670 p. . 9 fr.

FOURNIER (H.). De l'Onanisme, causes, dangers et inconvénients pour les individus, la famille et la société, remèdes, par le docteur H. FOURNIER. Paris, 1875. 1 vol. in-12 de 175 pages. . . . . 1 fr. 50

FOVILLE (Ach.) Les aliénés aux États-Unis, législation et assistance, par ACH. FOVILLE fils, directeur-médecin de l'asile des aliénés de Quatre-Mares, près Rouen. Paris, 1873. In-8 de 118 pages . . . . . 2 fr. 50

— **Les aliénés.** Étude pratique sur la législation et l'assistance qui leur sont applicables. Paris, 1870. 1 vol in-8 de XIV-207 pages. . . . 3 fr.

FRERICHS. Traité pratique des maladies du foie et des voies biliaires, par FR. TH. FRERICHS, professeur à l'Université de Berlin, traduit de l'allemand par les docteurs DUMENIL et PELLAGOT. *Troisième édition*. Paris, 1877. 1 vol. in-8 de XVI-896 pages avec 158 figures. . . 12 fr.

GALEZOWSKI (X.). Traité des maladies des yeux, par X. GALEZOWSKI, professeur à l'École pratique de la Faculté de Paris. *Deuxième édition*. Paris, 1875. 1 vol. in-8, XVI-896 p. avec 416 fig. . . . . 20 fr.

— **Du diagnostic des maladies des yeux** par la chromatoscopie rétinienne, précédé d'une étude sur les lois physiques et physiologiques des couleurs Paris, 1868. 1 v. in-8 de 267 p., avec 31 figures, une échelle chromatique comprenant 44 teintes et cinq échelles typographiques tirées en noir et en couleurs. . . . . 7 fr.

— **Échelles typographiques et chromatiques** pour l'examen de l'acuité visuelle. Paris, 1874. 1 vol. in-8 avec 20 pl. noires et col. Cart. 6 fr.

GALIEN. Œuvres anatomiques, physiologiques et médicales de Galien, traduites sur les textes imprimés et manuscrits; accompagnées de sommaires, de notes, de planches, par le docteur CH. DAREMBERG. Paris, 1854-1857. 2 vol. grand in-8 de 800 pages. . . . . 20 fr.
Séparément, le tome II. . . . . 10 fr.

GALISSET et MIGNON. Nouveau traité des vices rédhibitoires ou **Jurisprudence vétérinaire**, contenant la législation et les garanties dans les ventes et échanges d'animaux domestiques, d'après les principes du code civil et la loi modificatrice du 20 mai 1828, la procédure à suivre, la description des vices rédhibitoires, le formulaire des expertises, procès-verbaux et rapports judiciaires, et un précis des législations étrangères. *Troisième édition*, mise au courant de la jurisprudence et augmentée d'un appendice sur les épizooties et l'exercice de la médécine vétérinaire. Paris, 1864. In-18 jésus de 542 pages . . 6 fr.

GALLARD. Leçons cliniques sur les maladies des femmes, par le docteur T. Gallard, médecin de l'hôpital de la Pitié. Paris, 1873. 1 vol. in-8 de xx-792 pages avec 94 figures. . . . . 12 fr.

GALLOIS. Formulaire de l'Union médicale. Douze cents formules favorites des médecins français et étrangers, par le docteur N. Gallois, lauréat de l'Institut. Paris, 1874. 1 vol. in-32 de xxviii-452 p. 2 fr. 50

GAUJOT et SPILLMANN (E.). Arsenal de la chirurgie contemporaine. Description, mode d'emploi et appréciation des appareils et instruments en usage pour le diagnostic et le traitement des maladies chirurgicales, l'orthopédie, la prothèse, les opérations simples, générales, spéciales et obstétricales. par G. Gaujot, professeur à l'Ecole du Val-de-Grâce, médecin principal de l'armée, et E. Spillmann, médecin-major, professeur agrégé à l'École de médecine militaire (Val-de-Grâce). Paris, 1867-1872. 2 vol. in-8 avec 1855 figures. . . . . 32 fr.
Séparément : Tome II, 1 vol. in-8 de 1086 pages avec 1437 figures. *Pour les souscripteurs.* . . . . 18 fr.

GERBE. *Voy.* Brehm, Degland.

GERMAIN (de Saint-Pierre). **Nouveau Dictionnaire de botanique**, comprenant la description des familles naturelles, les propriétés médicales et les usages économiques des plantes, la morphologie et la biologie des végétaux (étude des organes et étude de la vie), Paris, 1870. 1 vol. in-8 de xvi-1388 pages avec 1640 fig. . . . . 25 fr.

GERVAIS et VAN BENEDEN. Zoologie médicale. Exposé méthodique du règne animal basé sur l'anatomie, l'embryogénie et la paléontologie, comprenant la description des espèces employées en médecine, de celles qui sont venimeuses et de celles qui sont parasites de l'homme et des animaux. 1859. 2 volumes in-8, avec 198 figures. . . . . . 15 fr.

GILLET. Les champignons (fungi, hyménomycètes) qui croissent en France, description et iconographie, propriétés utiles ou vénéneuses, par C.-C. Gillet, vétérinaire principal en retraite, membre correspondant de la Société linnéenne de Normandie, Ire partie, 1875. 1 vol. in-8 de 150 pages, avec 52 planches coloriées.. . . . . 22 fr. 50

GILLETTE. Chirurgie journalière des hôpitaux de Paris, répertoire de thérapeutique chirurgicale, par P. Gillette, chirurgien des hôpitaux, ancien prosecteur de la Faculté de médecine de Paris. Paris, 1876. grand in-8 de 199 pages avec figures. . . . . 4 fr.

GIRARD. Études pratiques sur les Maladies nerveuses et mentales, accompagnées de tableaux statistiques, par le docteur H. Girard de Cailleux, 1863. 1 vol. grand in-8 de 234 pages. . . . . 12 fr.

GIRARD (M.). Les insectes, Traité élémentaire d'Entomologie, comprenant l'histoire des espèces utiles et leurs produits. des espèces nuisibles et des moyens de les détruire, l'étude des métamorphoses et des mœurs, les procédés de chasse et de conservation, par Maurice Girard, président de la Société entomologique de France. Tome I, Introduction. — Coléoptères. Paris, 1873. 1 vol. in-8 de 840 pages, avec atlas de 60 pl. et Tome II. 1re partie. névroptères, orthoptères, in-8 de 576 pages, avec atlas de 8 planches, figures noires.. . . . . 40 fr.
Figures coloriées. . . . . 76 fr.
Séparément : Tome II, 1re partie, figures noires. . . . . 10 fr.
Figures coloriées. . . . . 16 fr.

GLONER. Nouveau dictionnaire de thérapeutique comprenant l'exposé des diverses méthodes de traitement employées par les plus célèbres praticiens pour chaque maladie, par le docteur J.-C. Gloner. Paris, 1874. 1 vol. in-18 de viii-805 pages. . . . . 7 fr.

GODRON (D.-A.). **De l'espèce et des races dans les êtres organisés** et spécialement de l'unité de l'espèce humaine. 2ᵉ *édition*. Paris. 1872 2 vol. in-8. . . . . 12 fr

GOFFRES. Précis iconographique de bandages, pansements et appareils, par le docteur Goffres, médecin principal des armées. Nouveau tirage. Paris, 1873. 1 vol. in-18 jésus, 596 pages avec 81 planches gravées. Figures noires cartonné. . . . . 18 fr.

— Le même, figures coloriées, cartonné. . . . . 36 fr.

GOSSELIN (L.). Clinique chirurgicale de l'hôpital de la Charité, par L. Gosselin, membre de l'Institut (Académie des sciences), professeur de clinique chirurgicale à la Faculté de médecine, chirurgien de la Charité. *Deuxième édition*. Paris, 1876. 2 vol. in-8, avec figures. . . . . 24 fr.

GOURRIER. Les lois de la génération, sexualité et conception, par le docteur H.-M. Gourrier. Paris, 1875. 1 vol. in-18 jésus de 200 p. 2 fr.

GRAEFE. Clinique ophthalmologique, par A. de Graefe, professeur à la Faculté de médecine de l'Université de Berlin. Edition française publiée avec le concours de l'auteur, par le docteur Ed. Meyer. Paris, 1866, in-8, avec 21 figures. . . . . 8 fr.

Table des matières. — Du traitement de la cataracte par l'extraction linéaire modifiée; leçon sur l'amblyopie et l'amaurose; de l'inflammation du nerf optique; de la névro-rétinite; sur l'embolie de l'artère centrale de la rétine comme cause de perte subite de la vision; de l'ophthalmie sympathique; observations ophthalmologiques chez les cholériques; notice sur le cysticerque.

GRELLOIS (E.). **Histoire médicale du blocus de Metz**, par E. Grellois, ex-médecin en chef des hôpitaux et ambulances de cette place. Paris, 1872. In-8 de 406 pages. 6 fr.

GRENIER. Flore de la chaîne jurassique, par Ch. Grenier, doyen et professeur de botanique à la Faculté des sciences de Besançon. Edition complète, précédée de la *Revue de la Flore du mont Jura*, 3 parties formant 1 vol. in-8 de 1092 pages, cart. . . . . 12 fr.

— **Contributions à la flore de France**, 10 mémoires formant 1 vol. in-8 de 187 pages avec 1 planche. . . . . 5 fr. 50

GRIESINGER. Traité des maladies infectieuses. Maladies des marais, fièvre jaune, maladies typhoïdes (fièvre pétéchiale ou typhus des armées, fièvre typhoïde, fièvre récurrente ou à rechutes, typhoïde bilieuse, peste). choléra, par W. Griesinger, professeur à la Faculté de médecine de l'Université de Berlin, traduit d'après la 2ᵉ édition allemande, et annoté par le docteur G. Lemattre, ancien interne des hôpitaux de Paris. Paris, 1868, in-8, VIII. 556 pages. . . . . 8 fr.

GRISOLLE. Traité de la pneumonie, par A. Grisolle, professeur à la Faculté de médecine de Paris, médecin de l'Hôtel-Dieu, etc. *Deuxième édition*, refondue et augmentée. Paris, 1864, in-8, xvi-744 pages. . . 9 fr.

Ouvrage couronné par l'Académie des sciences et l'Académie de médecine (prix Itard).

GROS (C. H.). **Mémoires d'un estomac**. écrits par lui-même pour le bénéfice de tous ceux qui mangent et qui lisent, et édités par un ministre de l'intérieur, traduit de l'anglais par le docteur C.-H. Gros, médecin en chef de l'hôpital de Boulogne-sur-Mer. 2ᵉ édition, Paris 1875, 1 vol. in-12 de 186 pages. . . . . 2 fr.

GROS-FILLAY (P.). Des indications et contre-indications dans le traitement des kystes de l'ovaire, par le docteur P. Gros-Fillay. Paris, 1874. In-8 de 92 pages. 2 fr.

GUARDIA (J. M.). La Médecine à travers les siècles. Histoire et philosophie, par J. M Guardia, docteur en médecine et docteur ès lettres. Paris, 1865. 1 vol. in-8 de 800 pages. . . . . 10 fr.

Table des matières. — Histoire. La tradition médicale; la médecine grecque avant Hippocrate; la légende hippocratique; classification des écrits hippocratiques, documents pour servir à l'histoire de l'art. — Philosophie. Questions de philosophie médicale; évolution de la science; des systèmes philosophiques; nos philosophes naturalistes; sciences anthropologiques; Buffon; la philosophie positive et ses représentants; la métaphysique médicale; Asclépiade, fondateur du méthodisme, esquisse des progrès de la physiologie cérébrale; de l'enseignement de l'anatomie générale; méthode expérimentale de la physiologie; les vivisections à l'Académie de médecine; les misères des animaux; abus de la méthode expérimentale; philosophie sociale.

GUBLER. Commentaires thérapeutiques du Codex medicamentarius ou histoire de l'action physiologique et des effets thérapeutiques des médicaments inscrits dans la pharmacopée française, par Adolphe Gubler, professeur à la Faculté de médecine, médecin de l'hôpital Beaujon. membre de l'Académie de médecine. *Deuxième édition*, revue et augmentée. Paris, 1874. 1 vol. grand in-8, format du Codex, de 900 pages. Cartonné 15 fr.

GUIBOURT. Histoire naturelle des drogues simples ou Cours d'histoire naturelle professé à l'Ecole de pharmacie de Paris, par J. B. Guibourt, professeur à l'Ecole de pharmacie, membre de l'Académie de médecine. *Septième édition*, corrigée et augmentée par G. Planchon, professeur à l'École supérieure de pharmacie de Paris, précédée de l'Éloge de Guibourt, par M. Buignet. Paris, 1876. 4 forts vol. in-8, avec 1077 figures. . 36 fr.

GUILLAUD. Les ferments figurés, étude sur les Schizomycètes : levures et bactériens, 1876, gr. in-8, 120 pages. . . . . 2 fr. 50.

GUILLAUME. Hygiène des écoles, conditions économiques et architecturales, par le docteur L. Guillaume. Paris, 1874. In-8 de 80 pages avec 25 figures. . . . . 2 fr.

GUNTHER. Nouveau manuel de médecine vétérinaire homœopathique ou traitement homœopathique des maladies du cheval, des bêtes bovines, des bêtes ovines, des chèvres, des porcs et des chiens, à l'usage des vétérinaires, des propriétaires ruraux, des fermiers, des officiers de cavalerie et de toutes les personnes chargées du soin des animaux domestiques, par F. A. Gunther, traduit de l'allemand sur la troisième édition, par P. J. Martin, médecin vétérinaire, ancien élève des écoles vétérinaires. 2e édition, revue et corrigée. Paris, 1871, 1 vol. in-18 de xii-504 pag. avec 54 figures. . . . . 5 fr.

GUYON. Eléments de chirurgie clinique, comprenant le diagnostic chirurgical, les opérations en général, l'hygiène, le traitement des blessés et des opérés, par J. C. Félix Guyon, chirurgien de l'hôpital Necker, professeur agrégé de la Faculté de Paris. Paris, 1873. 1 vol. in-8 de xxxviii-672 pages, avec 63 figures. . . . . 12 fr.

GYOUX. Education de l'enfant au point de vue physique et moral, depuis sa naissance jusqu'à sa première dentition. Paris, 1870, 1 vol. In-18 jésus de 300 pages. . . . . 3 fr.

HAHNEMANN. Exposition de la doctrine médicale homœopathique, ou Organon de l'art de guérir, par S. Hahnemann; traduit de l'allemand, sur la dernière édition, par le docteur A. J. L. Jourdan. *Cinquième édition*, augmentée de commentaires et précédée d'une notice sur la vie, les travaux et la doctrine de l'auteur, par le docteur Léon Simon. Paris, 1873. 1 vol. in-8 de 640 pages avec le portrait de S. Hahnemann. . . . . 8 fr.

— **Etudes de médecine homœopathique.** Paris, 1855. 2 séries publiées chacune en 1 vol. in-8 de 600 pages. Prix de chacune. . . . . . . 7 fr.

HARRIS et AUSTEN, Traité théorique et pratique de l'art du dentiste, par Chapin, A. Harris et Ph. Austen, traduit de l'anglais et annoté par le docteur Elm. Andrieu. Paris, 1874. 1 vol. in-8 de 976 pages avec 465 figures. Cartonné. . . . . 17 fr.

HÉRAUD. Nouveau dictionnaire des plantes médicinales, description, habitat et culture, récolte, conservation, partie usitée, composition chimique, formes pharmaceutique et doses, action physiologique, usages dans le traitement des maladies, suivi d'une étude générale sur les plantes médicinales au point de vue botanique, pharmaceutique et médical, avec une clef dichotomique, tableau des propriétés médicales et mémorial thérapeutique, par le docteur A. Héraud, professeur d'histoire naturelle à l'Ecole de médecine de Toulon. 1875, 1 vol. in-18, cartonné, de 600 pages, avec 261 figures. 6 fr.

HERING. Médecine homœopathique domestique, par le Dr C. Hering. Traduction nouvelle, augmentée d'indications nombreuses et précédée de conseils d'hygiène et de thérapeutique générale, par le docteur Léon Simon. *Sixième édition.* Paris, 1873. In-12, xii-756 pages avec 169 figures, cart. . . . . 7 fr.

HIPPOCRATE. Œuvres complètes, traduction nouvelle, avec le texte en regard, collationné sur les manuscrits et toutes les éditions; accompagnée d'une introduction, de commentaires médicaux, de variantes et de notes philologiques; suivies d'une table des matières, par E. Littré, membre de l'Institut de France. — Ouvrage complet. Paris, 1839-1861. 10 forts vol. in-8, de 700 p. chacun. . . . . 100 fr.

Il a été tiré quelques exemplaires sur jésus vélin. Prix de chaque volume. . . . . 20 fr.

HIRSCHEL. Guide du médecin homœopathe au lit du malade, pour le traitement de plus de mille maladies, et Répertoire de thérapeutique homœopathique, par le docteur B. Hirschel. Nouvelle traduction faite sur la 8e édition allemande, par le docteur V. Léon Simon. *Deuxième édition.* Paris, 1874. 1 vol. in-18 jésus de xxiv-540 pages. . . . . . 5 fr.

HOFFMANN (Ach.). L'homœopathie exposée aux gens du monde, par le docteur Achille Hoffmann (de Paris). Paris, 1870, in-18 jésus de 142 pages. . . . . 1 fr. 25

HOLMES. Thérapeutique des maladies chirurgicales des enfants, par T. Holmes, chirurgien de l'hôpital des Enfants malades, chirurgien de Saint-George's Hospital, ouvrage traduit sur la seconde édition et annoté sous les yeux de l'auteur, par O. Larcher. Paris, 1870. 1 vol. in-8 de 917 pages avec 330 figures. . . . . 15 fr.

HUFELAND. L'art de prolonger la vie ou la Macrobiotique, par C.-W. Hufeland, nouvelle édition française, augmentée de notes par J. Pellagot, Paris, 1871. 1 vol. in-18 jésus de 640 pages. . . . . . . 4 fr.

HUGHES (R.). Action des médicaments homœopathiques, ou éléments de pharmaco-dynamique, traduit de l'anglais et annoté par le docteur J. Guérin-Méneville. Paris, 1874. 1 vol. in-18 jésus de xvi-647 p. 6 fr.

HUGUIER. Mémoire sur les allongements hypertrophiques du col de l'utérus, dans les affections désignées sous les noms de *descente*, de *précipitation de cet organe*, et sur leur traitement par la résection ou l'amputation de la totalité du col suivant la variété de cette maladie, par P. C. Huguier, membre de l'Académie de médecine, chirurgien de l'hôpital Beaujon. Paris, 1860, in-4, 231 pages, avec 13 planches lithographiées. . . . . 15 fr.

— **De l'hystérométrie** et du cathétérisme utérin, de leurs applications au diagnostic et au traitement des maladies de l'utérus et de ses annexes et de leur emploi en obstétrique. Paris, 1865, in-8 de 400 pages avec 4 planches lithographiées. . . . . 6 fr.

HURTREL-D'ARBOVAL. Dictionnaire de médecine, de chirurgie et d'hygiène vétérinaires, par L. H. J. Hurtrel-d'Arboval. Édition entièrement refondue et augmentée de l'exposé des faits nouveaux observés par les plus célèbres praticiens français et étrangers, par A. Zundel, vétérinaire supérieur d'Alsace-Lorraine. 3 vol. grand in-8 à 2 colonnes, avec 1500 figures, publiées en 6 parties. . . . . 50 fr.

En vente : Tome Ier (A-F), 1024 pages avec 410 figures. — Tome II (G-PA), 972 pages avec 704 figures. — Tome III, 1re partie| (PE-SA), 432 pages, avec 166 figures.. . . . . 50 fr.
Le tome III, 2e partie, sera délivré gratuitement aux souscripteurs.
Après achèvement de l'ouvrage. le prix en sera porté à 60 fr.

HUXLEY. La place de l'homme dans la nature, par M. Th. Huxley, membre de la Société royale de Londres, traduit, annoté, précédé d'une introduction et suivi d'un compte rendu des travaux anthropologiques du Congrès international d'anthropologie et d'archéologie préhistoriques, tenu à Paris (session de 1867), par le docteur E. Dally, secrétaire général adjoint de la Société d'anthropologie, avec une préface de l'auteur. Paris, 1868, in-8 de 368 pages, avec 68 figures. . . . . 7 fr.

— **Éléments d'anatomie comparée des animaux vertébrés**. |Traduit de l'anglais par Mme Brunet, revu par l'auteur et précédé d'une préface par Ch. Robin, membre de l'Institut (Académie des sciences). Paris, 1875. 1 vol. in-18 jésus de 600 pages, avec 122 figures. . . . . 6 fr.

IMBERT-GOURBEYRE. Des paralysies puerpérales. Paris, 1861. 1 vol. in-4 de 80 pages. . . . . 2 fr. 50

JAHR. Nouveau Manuel de Médecine homœopathique, divisé en deux parties : 1° Manuel de matière médicale, ou Résumé des principaux effets des médicaments homœopathiques, avec indication des observations cliniques; 2° Répertoire thérapeutique et symptomatologique, ou table alphabétique des principaux symptômes des médicaments homœopathiques avec des avis cliniques, par le docteur G. H. G. Jahr. *Huitième édition*, revue et augmentée. Paris, 1872. 4 vol. in-18 jésus. . . . . . . 18 fr.

— **Principes et règles qui doivent guider dans la pratique de l'Homœopathie**. Exposition raisonnée des points essentiels de la doctrine médicale de Hahnemann. Paris, 1857. In-8 de 528 pages.. . . . . . 7 fr.

— **Notions élémentaires d'Homœopathie**. Manière de la pratiquer avec les effets les plus importants de dix des principaux remèdes homœopathiques, à l'usage de tous les hommes de bonne foi qui veulent se convaincre par des essais de la vérité de cette doctrine; par G. H. G. Jahr. *Quatrième édition*, corrigée et augmentée. Paris, 1861. In-18 de 144 p. . . . 1 fr. 25

— **Du Traitement homœopathique des Affections nerveuses** et des maladies mentales. Paris, 1854. 1 vol. in-12 de 600 pages. . . . . . 6 fr.

— **Du Traitement homœopathique des Maladies des Organes de la Digestion**, comprenant un précis d'hygiène générale et suivi d'un répertoire diététique à l'usage de tous ceux qui veulent suivre le régime rationnel de la méthode de Hahnemann. Paris, 1859. 1 vol. in-18 jésus de 520 pages. . . . . 6 fr.

JAHR et CATELLAN. Nouvelle Pharmacopée homœopathique, ou Histoire naturelle, Préparation et Posologie ou administration des doses des médicaments homœopathiques, par le docteur G. H. G. Jahr et Catellan frères, pharmaciens homœopathes. *Troisième édition*, revue et augmentée. Paris, 1862. In-18 jésus de 430 pages, avec 144 figures. . . . . . 7 fr.

JAQUEMET (H.). Des Hôpitaux et des Hospices, des conditions que doivent présenter ces établissements au point de vue de l'hygiène et des intérêts des populations, par le docteur Hipp. Jaquemet. Paris, 1866. 1 vol. in-8 de 184 pages, avec figures. . . . . 3 fr. 50

JEANNEL. Formulaire officinal et magistral, international, comprenant environ 4,000 formules tirées des Pharmacopées légales de la France et de l'étranger ou empruntées à la pratique des thérapeutistes et des pharmacologistes, avec les indications thérapeutiques, les doses des substances simples et composées, le mode d'administration, l'emploi des médicaments nouveaux, etc., suivi d'un mémorial thérapeutique, par J. Jeannel, pharmacien-inspecteur, membre du Conseil de santé des armées. *Deuxième édition*. Paris, 1876. 1 vol. in-18 de xxxvi-966 pages cartonné. . . . . 6 fr.

JEANNEL. De la prostitution dans les grandes villes, au dix-neuvième siècle, et de l'extinction des maladies vénériennes; questions générales d'hygiène, de moralité publique et de légalité, mesures prophylactiques internationales, réformes à opérer dans le service sanitaire; discussion des règlements exécutés dans les principales villes de l'Europe. Ouvrage précédé de documents relatifs à la prostitution dans l'Antiquité. *Deuxième édition*, refondue et complétée par des documents nouveaux. Paris, 1874. 1 vol. in-18 de 650 pages avec figures. . . . . . . 5 fr.

JOBERT. De la réunion en chirurgie, par Jobert (de Lamballe), chirurgien de l'Hôtel-Dieu, professeur de clinique chirurgicale à la Faculté de médecine de Paris, membre de l'Institut. Paris, 1864. 1 volume in-8, xvi-720 pages, avec 7 planches dessinées d'après nature, gravées en taille-douce et coloriées. . . . . 12 fr.

JOLLY. Le tabac et l'absinthe, leur influence sur la santé publique, sur l'ordre moral et social, par le docteur Paul Jolly, membre de l'Académie de médecine. Paris, 1876, 1 vol. in-18 jésus, de 216 pages. . . . 2 fr.

JOUSSET (P.). Éléments de pathologie et de thérapeutique générales, par le docteur P. Jousset, médecin de l'hôpital Saint-Jacques, à Paris. Paris, 1875. 1 vol. in-8 de 243 pages. . . . . 4 fr.

JULLIEN. De la transfusion du sang, par le docteur Louis Jullien, prof. agrégé de la Faculté de médecine de Nancy, ancien interne des hôpitaux de Lyon, 1875. 1 vol. in-8 de 329 pages, avec figures. . . . . . . 5 fr.

KIENER (L.-C.). Species général et iconographie des coquilles vivantes, comprenant la collection du Muséum d'histoire naturelle de Paris, la collection Lamarck et les découvertes récentes des voyageurs, par L. C. Kiener, continuée par le Dr Fischer, aide-naturaliste au Muséum d'histoire naturelle. Paris, 1837-1876. Livraisons 1 à 146. Prix de chacune, de 6 planch. color. et 24 pages de texte, grand in-8, fig. color. 6 fr. — In-4. fig. col. . . . . 12 fr.

I. Famille des Enroulées (genres Porcelaine, 57 pl.; Ovule, 6 pl.; Tarière, 1 pl.; Ancillaire, 6 pl.; Cône, 111 pl.).

II. Famille des Columellaires (genres Mitre, 34 pl.; Volute, 52 pl.; Marginelle, 13 pl.).

III. Famille des Ailées (genres Rostellaire, 4 pl.; Ptérocère, 10 pl.; Strombe, 34 pl.).

IV. Famille des Canalifères, 1re partie (genres Cérite, 32 pl.; Pleurotome, 27 pl.; Fuseau, 31 pl.).

V. Famille des Canalifères, 2e partie (genres Pyrule, 15 pl.; Fasciolaire, 13 pl.; Turbinelle, 21 pl.; Cancellaire, 9 pl.).

VI. Famille des Canalifères, 3ᵉ partie (genres Rocher, 47 pl. ; Triton, 18 pl. ; Ranelle, 15 pl.).
VII. Famille des Purpurifères, 1ʳᵉ partie (genres Cassidaire, 2 pl.; Casque, 16 pl.; Tonne, 5 pl. ; Harpe, 6 pl.; Pourpre, 46 pl.).
VIII. Famille des Purpurifères, 2ᵉ partie (genres Colombelle, 16 pl. ; Buccin, 31 pl. ; Éburne, 3 pl.; Struthiolaire, 2 pl.; Vis, 14 pl.).
IX. Famille des Turbinacées (genres Turritelle, 14 pl. ; Scalaire, 7 pl.; Cadran, 4 pl.; Roulette, 3 pl.; Dauphinule, 4 pl.; Phasianelle, 5 pl.; Troque, 49 pl.; Turbo, 38 pl.).
X. Famille des Plicaces (genres Tornatelle, 1 pl.; Pyramidelle, 2 pl.);
XI. Famille des Myaires (genre Thracie, 2 pl.).
Les livraisons 139 et 140 contiennent le texte complet du genre TURBO rédigé par M. Fischer. 128 p. et 6 pl. nouv.
Les livraisons 141 à 146 contiennent le commencement du genre TROQUE par M. Fischer.

KUSS et **DUVAL. Cours de physiologie**, d'après l'enseignement du professeur Kuss, publié par le docteur Mathias Duval, professeur agrégé de la Faculté de médecine de Paris, professeur d'anatomie à l'Ecole des Beaux-Arts. *Troisième édition*, complétée par l'exposé des travaux les plus récents. Paris, 1876. 1 v. in-18 jés., viii-660 p., avec 160 fig., cart.   **7 fr.**

LANDOUZY. Contributions à l'étude des convulsions et paralysies liées aux méningo-encéphalites fronso-parietales, par le docteur Louis Landouzy. Paris, 1876, in-8, de 248 pages. . . . .   **5 fr.**

LA POMMERAIS. Cours d'Homœopathie, par le docteur Ed. Couty de la Pommerais. Paris, 1863. In-8, 555 pages. . . . .   **4 fr.**

LAYET. Hygiène des professions et des industries, précédé d'une étude générale des moyens de prévenir et de combattre les effets nuisibles de tout travail professionnel, par le docteur Alexandre Layet, professeur agrégé à l'Ecole de médecine navale de Rochefort. Paris, 1875. 1 v. in-12 de xiv-560 pages.. . . . .   **5 fr.**

LEBERT. Traité d'Anatomie pathologique générale et spéciale, ou Description et iconographie pathologique des affections morbides, tant liquides que solides, observées dans le corps humain; par le docteur H. Lebert, professeur de clinique médicale à l'Université de Breslau. *Ouvrage complet*. Paris, 1855-1861. 2 vol. in-fol. de texte, et 2 vol. in-fol. comprenant 200 planches dessinées d'après nature, gravées et coloriées.   **615 fr.**

Le tome Iᵉʳ, comprend : texte, 760 pages, et tome Iᵉʳ, planches 1 à 94 (livraisons I à XX).

Le tome II comprend : texte, 734 pages, et le tome II, planches 95 à 200 (livraisons XXI à XLI).

On peut toujours souscrire en retirant régulièrement plusieurs livraisons. Chaque livraison est composée de 30 à 40 p. de texte, sur beau papier vélin, et de 5 pl. in-folio gravées et coloriées. Prix de la livraison.   **15 fr.**

Cet ouvrage est le fruit de plus de douze années d'observations dans les nombreux hôpitaux de Paris. Aidé du bienveillant concours des médecins et des chirurgiens de ces établissements, trouvant aussi des matériaux précieux et une source féconde dans les communications et les discussions des Sociétés anatomiques, de biologie, de chirurgie et médicale d'observation, M. Lebert réunissait tous les éléments pour entreprendre un travail aussi considérable. Placé depuis à la tête du service médical d'un grand hôpital à Breslau, dans les salles duquel il a constamment cent malades, l'auteur continua à recueillir des faits pour cet ouvrage, vérifiant et contrôlant les résultats de son observation dans les hôpitaux de Paris par celle des faits nouveaux à mesure qu'ils se produisaient sous ses yeux.

Après l'examen des planches de M. Lebert, un des professeurs les plus compétents et les plus illustres de la Faculté de Paris, écrivait : « J'ai admiré l'exactitude, la beauté, la nouveauté des planches qui composent la majeure partie de cet ouvrage : j'ai été frappé de l'immensité des recherches originales et toutes propres à l'auteur qu'il a dû exiger. *Cet ouvrage n'a pas d'analogue en France ni dans aucun pays.* »

LEFORT (Jules). Traité de chimie hydrologique comprenant des notions générales d'hydrologie et l'analyse chimique des eaux douces et des eaux minérales, par J. Lefort, membre de l'académie de médecine. 2ᵉ *édition* Paris, 1873. 1 vol. in-8, 798 pages avec 50 figures et une planche chromolithographiée.................... 12 fr.

LEGOUEST. Traité de Chirurgie d'armée, par L. Legouest, médecin-inspecteur de l'armée, ex-professeur de clinique chirurgicale à l'Ecole d'application de la médecine et de la pharmacie militaires. (Val-de-Grâce.) *Deuxième édition.* Paris, 1872. 1 fort vol. in-8 de 800 p. avec 149 fig. 14 fr.

LETIEVANT. Traité des sections nerveuses, physiologie pathologique, indications, procédés opératoires, par le docteur Letievant, chirurgien des hôpitaux de Lyon. Paris, 1873. 1 vol. in-8 avec 20 figures.... 8 fr.

LEUDET. Clinique médicale de l'Hôtel-Dieu de Rouen, par le docteur E. Leudet, médecin en chef de l'Hôtel-Dieu de Rouen. 1874. 1 vol. in-8 de 650 pages.................... 8 fr.

LEURET et GRATIOLET. Anatomie comparée du système nerveux considérée dans ses rapports avec l'intelligence ; par Fr. Leuret, médecin de l'hospice de Bicêtre, et P. Gratiolet, aide-naturaliste au Muséum d'histoire naturelle, professeur à la Faculté des sciences de Paris. Paris, 1839-1857. *Ouvrage complet.* 2 vol. in-8 et atlas de 32 planches in-folio, dessinées d'après nature et gravées avec le plus grand soin. Figures noires.................... 48 fr.
Le même, figures coloriées.................. 96 fr.

Tome I, par Leuret, comprend la description de l'encéphale et de la moelle rachidienne, le volume, le poids, la structure de ces organes chez l'homme et les animaux vertébrés, l'histoire du système ganglionnaire des animaux articulés et des mollusques, et l'exposé de la relation qui existe entre la perfection progressive de ces centres nerveux et l'état des facultés instinctives, intellectuelles et morales.

Tome II, par Gratiolet, comprend l'anatomie du cerveau de l'homme et des singes, des recherches nouvelles sur le développement du crâne et du cerveau, et une analyse comparée des fonctions de l'intelligence humaine.

Séparément le tome II. Paris, 1857. In-8 de 692 pages, avec atlas de 16 planches dessinées d'après nature, gravées. Figures noires... 24 fr.
Figures coloriées.................... 48 fr.

LÉVY. Traité d'Hygiène publique et privée, *Cinquième édition*, revue, corrigée et augmentée. Paris, 1869. 2 vol. in-8. Ensemble, 1900 p. 20 fr.

LORAIN. De l'Albuminurie, par Paul Lorain, professeur à la Faculté de médecine, médecin de l'hôpital de la Pitié. Paris, 1860. In-8, avec une planche.................... 2 fr. 50

— **Études de médecine clinique et physiologique.** *Le Choléra observé à l'hôpital Saint-Antoine.* Paris, 1868. 1 vol. grand in-8 raisin de 300 pages avec planches graphiques, dont plusieurs coloriées..... 7 fr.

— *Le Pouls, ses variations et ses formes diverses dans les maladies.* Paris, 1870. 1 vol. gr. in-8, 372 pages avec 488 fig.......... 10 fr.

— Voy. Valleix, *Guide du Médecin praticien.*

LUCAS-CHAMPIONNIÈRE. Chirurgie antiseptique. Principes, modes d'application, et résultats du pansement de Lister. 1876, in-18 avec fig. 5 fr.

LUTON. Traité des injections sous-cutanées à effet local. Méthode de traitement applicable aux névralgies, aux points douloureux, au goitre, aux tumeurs, etc. par le docteur A. Luton, professeur de pathologie externe à l'École de médecine de Reims, médecin de l'Hôtel-Dieu de cette ville. Paris, 1875, 1 vol. in-8 de viii-380 pages.............. 6 fr.

LUYS (J.-B.). **Recherches sur le système nerveux cérébro-spinal, sa structure, ses fonctions et ses maladies**, par J. B. Luys, médecin de l'hôpital de la Salpêtrière, lauréat de l'Académie de médecine et de l'Institut. Paris, 1865. 1 vol. grand in-8 de 660 pages avec atlas de 40 pl. lithographiés et texte explicatif. Fig. noires. . . . . 35 fr.
Le même, figures coloriées. . . . . 70 fr.
— **Iconographie photographique des centres nerveux**. Paris, 1873. 1 vol. gr. in-4° de texte et d'explication des planches viii-74, 40 pages avec atlas de 70 photographies et 65 schémas lithographiés, cart. en 2 vol. . . . . 150 fr.
— **Des Maladies héréditaires**. Paris, 1863. In-8 de 140 pages. 2 fr. 50
— **Études de physiologie et de pathologie cérébrales**. Des actions réflexes du cerveau dans les conditions normales et morbides de leurs manifestations. Paris, 1874. 1 vol. grand in-8 de xii-200 pages, avec 2 planches contenant 8 figures tirées en lithographie et 2 figures tirées en photoglyptie. . . . . 5 fr.
LYELL. **L'Ancienneté de l'homme**, prouvée par la géologie, et remarques sur les théories relatives à l'origine des espèces par variation, par sir Charles Lyell, membre de la Société royale de Londres, traduit avec le consentement et le concours de l'auteur par M. Chaper. *Deuxième édition* française revue et corrigée par Hamy. Paris, 1870. In-8 de xvi, 560 pag. avec 68 figures. — **Précis de Paléontologie humaine**, par Hamy, servant de supplément. Paris, 1870. 1 vol. in-8, avec figures. 16 fr.
— *Séparément*, **Précis de Paléontologie humaine**, par Hamy. Paris, 1870. 1 vol. in-8 avec fig. . . . . 7 fr.
MAGITOT (E.). **Traité de la carie dentaire**. Recherches expérimentales et thérapeutiques. Paris, 1867. 1 vol. in-8, 228 pages, avec 2 planches, 19 figures et 1 carte. . . . . 5 fr.
— **Mémoire sur les tumeurs du périoste dentaire et sur l'ostéo-périostite alvéolo-dentaire**. *Deuxième édition*. Paris, 1873. In-8, avec 1 planche. . . . . 3 fr.
MAGNE. **Hygiène de la vue**, par le docteur A. Magne. *Quatrième édition*, revue et augmentée. Paris. 1866, in-18 jés. de 350 p. avec 30 fig. 3 fr.
MAHÉ. **Manuel pratique d'hygiène navale**, ou des moyens de conserver la santé des gens de mer, à l'usage des officiers mariniers et marins des équipages de la flotte, par le docteur J. Mahé, médecin-professeur de la marine. Ouvrage publié sous les auspices du ministre de la marine et des colonies. Paris, 1874. 1 vol. in-18 de xv-451 pages. Cartonné. 3 fr. 50
MAHÉ. Programme de sémiologie et d'étiologie pour l'étude des **maladies exotiques**, et principalement des maladies des pays chauds, par J. Mahé, professeur à l'École de médecine de Brest, 1876, 1 vol. in-8, 400 pages.
MAILLIOT. **Traité pratique d'auscultation appliquée au diagnostic des maladies des organes respiratoires**. 1874, grand in-8 de 542 pages. 12 fr.
MANDL (L.). **Traité pratique des maladies du larynx et du pharynx**. Paris, 1872. In-8° de xx-816 pages, avec 7 planches gravées et coloriées et 164 figures, cartonné. . . . . 18 fr.
— **Hygiène de la voix parlée ou chantée**, suivie du formulaire pour le traitement des affections de la voix, par le docteur L. Mandl. 1876, 1 vol. in-12 de 308 pages, cart. . . . . 4 fr. 50
— **Anatomie microscopique**, par le docteur L. Mandl, professeur de microscopie. Paris, 1838-1857. Ouvrage complet. 2 vol. in-folio, avec 92 planches. . . . . 200 fr.
MARCÉ. **Traité pratique des Maladies mentales**, par le docteur L. V. Marcé, professeur agrégé à la Faculté de médecine de Paris, médecin des aliénés de Bicêtre. Paris, 1862. In-8 de 670 pages. . . . 8 fr

— **Des Altérations de la sensibilité**, Paris, 1860. In-8. . . . 2 fr. 50
— **Recherches cliniques et anatomo-pathologiques sur la démence sénile** et sur les différences qui la séparent de la paralysie générale. Paris, 1861. Grand in-8, 72 pages. . . . . 1 fr. 50
— **De l'état mental de la chorée.** Paris, 1860. In-4, 38 pages. 1 fr. 50
MARCHAND (A.-H.). Étude sur l'extirpation de l'extrémité inférieure du rectum, par le docteur A.-H. MARCHAND, professeur agrégé de la Faculté de médecine de Paris. Paris, 1873. In-8 de 124 pages. 2 fr. 50
— **Des accidents qui peuvent compliquer la réduction des luxations traumatiques.** 1875, 1 vol. in-8 de 149 pages. . . . . 3 fr.
MARCHANT (LÉON). Étude sur les maladies épidémiques, avec une réponse aux quelques réflexions sur le mémoire de l'angine épidémique. *Seconde édition*, corrigée et augmentée. Paris, 1861. In-12, 92 p. 1 fr.
MARTINS. Du Spitzberg au Sahara. Étapes d'un naturaliste au Spitzberg, en Laponie, en Écosse, en Suisse, en France, en Italie, en Orient, en Égypte et en Algérie par CHARLES MARTINS, professeur d'histoire naturelle à la Faculté de médecine de Montpellier, directeur du jardin des plantes de la même ville. Paris, 1866. In-8, xvi-620 pages. . . . . . 8 fr.
MARVAUD (Angel). L'alcool, son action physiologique, son utilité et ses applications en hygiène et en thérapeutique. Paris, 1872. In-8, 160 pages avec 25 planches. . . . . 4 fr.
— **Les aliments d'épargne** : alcool et boissons aromatiques, café, thé, coca, cacao, maté, par le docteur MARVAUD. 2ᵉ édition. Paris, 1874. 1 vol. in-8 de 504 pages avec figures. . . . . 6 fr.
MAYER. Des Rapports conjugaux, considérés sous le triple point de vue de la population, de la santé et de la morale publique, par le docteur ALEX. MAYER, médecin de l'inspection générale de la salubrité. *Sixième édition*, revue et augmentée. Paris, 1874. 1 volume in-18 jésus de 422 pages. . . . . 3 fr.
— **Conseils aux femmes sur l'âge de retour**, médecine et hygiène. Paris, 1875. 1 vol. in-12 de 256 pages. . . . . 3 fr.
MEHU. Voir *Annuaire pharmaceutique*, page 6.
MÉLIER. Relation de la fièvre jaune, survenue à Saint-Nazaire en 1861, lue à l'Académie de médecine en avril 1863, suivie d'une réponse aux discours prononcés dans le cours de la discussion et de la loi anglaise sur les quarantaines. 1863. In-4 de 276 pages avec 3 cartes. . . . . 10 fr.
MIARD (A.). Des troubles fonctionnels et organiques, de l'amétropie et de la myopie en particulier, de l'accommodation binoculaire et cutanée dans les vices de la réfraction, par le docteur ANTONY MIARD, ancien chef de clinique ophthalmique. Paris, 1873. 1 vol. in-8 de viii-460 pag. 7 fr.
MOITESSIER. La Photographie appliquée aux recherches micrographiques, par A. MOITESSIER, docteur ès sciences, professeur à la Faculté de médecine de Montpellier. Paris, 1866. 1 vol. in-18 jésus, avec 41 figures gravées d'après des photographies et 3 planches photographiques. . . . . 7 fr.
MOLÉ. Signes précis du début de la convalescence dans les maladies aiguës, par le docteur Léon MOLÉ. Paris, 1870, grand in-8 de 112 pag. avec 23 figures. . . . . 3 fr.
MOLINARI (Ph. DE). Guide de l'homœopathiste, indiquant les moyens de se traiter soi-même dans les maladies les plus communes en attendant la visite du médecin. *Seconde édition*: Bruxelles, 1861, in-18 de 256 pages. . . . . 5 fr
MONOD. Étude sur l'angiome simple sous-cutané circonscrit, nævus vasculaire sous-cutané, angiome lipomateux, angiome lobulé, suivi de quelques remarques sur les angiomes circonscrits de l'orbite, par CH. MONOD,

professeur agrégé de la Faculté de médecine de Paris. Paris, 1873. In-8 de 86 pages avec 2 planches. . . . . 2 fr. 50
— Étude comparative des diverses méthodes de l'Exérèse. 1875. 1 vol. in-8 de 175 pages. 2 fr. 50

MONTANÉ. Étude anatomique du crâne chez les microcéphales, par Louis MONTANÉ (de la Havane), docteur en médecine de la Faculté de Paris. Paris, 1874. Grand in-8 de 80 pages, avec 6 planches. . . . . 3 fr. 50

MOQUIN-TANDON. Histoire naturelle des Mollusques terrestres et fluviatiles de France, contenant des études générales sur leur anatomie et leur physiologie, et la description particulière des genres, des espèces, des variétés, par MOQUIN-TANDON, professeur d'histoire naturelle médicale à la Faculté de médecine de Paris, membre de l'Institut. Ouvrage complet. Paris, 1855. 2 vol. grand in-8 de 450 pages, avec un Atlas de 54 planches dessinées d'après nature et gravées. L'ouvrage complet, avec figures noires. . . . . 42 fr.
    L'ouvrage complet avec figures coloriées. . . . . 66 fr.
    Cartonnage de 3 vol. grand in-8. . . . . 4 fr. 50
    Le tome Ier comprend les études sur l'anatomie et la physiologie des mollusques.
    — Le tome II comprend la description particulière des genres, des espèces et des variétés.
    L'ouvrage de M. Moquin-Tandon est utile non-seulement aux savants, aux professeurs, mais encore aux collecteurs de coquilles, aux simples amateurs.

MOQUIN-TANDON. Éléments de Botanique médicale, contenant la description des végétaux utiles à la médecine et des espèces nuisibles à l'homme, vénéneuses ou parasites, précédée de Considérations sur l'organisation et la classification des végétaux. *Troisième édition*. Paris, 1875. 1 vol. in-18 jésus, avec 128 figures. . . . . 6 fr.

— **Éléments de Zoologie médicale**, contenant la description des animaux utiles à la médecine et des espèces nuisibles à l'homme, venimeuses ou parasites, précédée de Considérations sur l'organisation et la classification des animaux et d'un résumé sur l'histoire naturelle de l'homme. *Deuxième édition*, revue et augmentée. Paris, 1862. 1 volume in-18, avec 150 figures. . . . . 6 fr.

MORACHE. Traité d'hygiène militaire, par G. MORACHE, médecin-major de première classe, professeur agrégé à l'Ecole d'application de médecine et de pharmacie militaires (Val-de-Grâce). Paris, 1874. 1 vol. in-8 de 1050 pages avec 175 figures. . . . . 16 fr.

MORELL MACKENZIE. Du laryngoscope et de son emploi dans les maladies de la gorge, avec un appendice sur la rhinoscopie, traduit de l'anglais sur la deuxième édition par le docteur E. NICOLAS-DURANTY. Paris, 1867. Grand in-8, 156 pages avec figures. . . . . . . 4 fr.

MOTARD (A.). Traité d'hygiène générale, par le docteur Adolphe MOTARD. Paris, 1868. 2 vol. in-8, ensemble 1,900 pages, avec figures. 16 fr.

MUSELIER. Etude sur la valeur sémécologique de l'ecthyma, accompagnées d'observations recueuillies à l'hôpital Saint-Louis). Rapports de l'ecthyma avec la syphilis, par le docteur Paul MUSELIER. Paris, 1876, in-8 de 125 pages. . . . . 2 fr. 50

NAEGELE et GRENSER. Traité pratique de l'art des accouchements, par le professeur H. F. NAEGELÉ, professeur à l'Université de Heidelberg et M. L. GRENSER, directeur de la Maternité de Dresde. Traduit sur la 6e et dernière édition allemande, annoté et mis au courant des derniers progrès de la science, par G. A. AUBENAS, professeur agrégé à la Faculté de médecine de Nancy. Ouvrage précédé d'une introduction par J. A. STOLTZ, doyen de la Faculté de médecine de Nancy. Paris, 1869. 1 vol. in-8 de 800 pages, avec une planche sur acier et 207 figures. . . . . 12 fr.

ORIARD (F.). L'homœopathie mise à la portée de tout le monde. *Troisième édition.* Paris, 1863, in-18 jésus, 570 pages. . . . . . 4 fr.

ORIBASE. Œuvres, texte grec, en grande partie inédit, collationné sur les manuscrits, traduit pour la première fois en français, avec une introduction, des notes, des tables et des planches, par les docteurs Bussemaker et Daremberg. Paris, 1851-1873, tomes I à V, in-8 de 700 pages chacun. Prix de chaque volume. . . . . 12 fr.
— Sous presse, le tome VI et dernier.

ORY. Recherches cliniques sur l'étiologie des syphilides malignes précoces, et accompagnées d'observations nouvelles recueillies à l'hôpital Saint-Louis, par le docteur Eugène Ory, ancien interne des hôpitaux, in-8 de 98 pages. . . . . 2 fr.

OUDET. Recherches anatomiques, physiologiques et microscopiques sur les Dents et sur leurs maladies, comprenant : 1° Mémoire sur l'altération des dents désignée sous le nom de carie; 2° sur l'odontogénie; 3° sur les dents à couronnes; 4° de l'accroissement continu des dents incisives chez les rongeurs, par le docteur J. E. Oudet, membre de l'Académie de médecine, etc. Paris, 1862. In-8, avec une pl. . . . . 4 fr.

PARENT-DUCHATELET. De la Prostitution dans la ville de Paris, considérée sous le rapport de l'hygiène publique, de la morale et de l'administration; ouvrage appuyé de documents statistiques puisés dans les archives de la préfecture de police, par A. J. B. Parent-Duchatelet, membre du Conseil de salubrité de la ville de Paris. *Troisième édition*, complétée par des documents nouveaux et des notes, par MM. A. Trébuchet et Poirat-Duval, chefs de bureau à la préfecture de police, suivie d'un précis hygiénique, statistique et administratif sur la prostitution dans les principales villes de l'Europe. Paris, 1857. 2 forts volumes in-8 de chacun 750 pages avec cartes et tableaux . . . . 18 fr.
Le *Précis hygiénique, statistique et administratif sur la Prostitution dans les principales villes de l'Europe* comprend pour la France : Bordeaux, Brest, Lyon, Marseille, Nantes, Strasbourg, l'Algérie; pour l'Etranger : l'Angleterre et l'Ecosse, Berlin, Berne, Bruxelles, Christiania, Copenhague, l'Espagne, Hambourg, la Hollande, Rome, Turin.

PARISEL. *Voy.* Annuaire pharmaceutique, page 6.

PARSEVAL (LUD.). Observations pratiques de Samuel Hahnemann, et Classification de ses recherches sur les **Propriétés caractéristiques des médicaments.** Paris, 1857-1860. In-8 de 400 pages. . . . . 6 fr.

PAULET et LÉVEILLÉ. Iconographie des Champignons, de Paulet. Recueil de 217 planches dessinées d'après nature, gravées et coloriées, accompagné d'un texte nouveau présentant la description des espèces figurées, leur synonymie, l'indication de leurs propriétés utiles ou vénéneuses, l'époque et les lieux où elles croissent, par J. H. Léveillé. Paris, 1855. 1 vol. in-folio de 135 pages, avec 217 planches coloriées, cartonné. 170 fr.
Séparément le texte, par M. Léveillé, pet. in-fol. de 135 pages. 20 fr.
Séparément chacune des dernières planches in-folio coloriées. . 1 fr.

PEIN. Essai sur l'hygiène des champs de bataille, par le docteur Théodore Pein. Paris, 1873. In-8 de 80 pages. . . . . 2 fr.

PENARD. Guide pratique de l'Accoucheur et de la Sage-Femme, par le docteur Lucien Penard, chirurgien principal de la marine, professeur d'accouchements à l'Ecole de médecine de Rochefort. *Quatrième édition.* Paris, 1874. 1 vol. in-18, xxiv-550 pages, avec 142 fig. . . . . . 4 fr.

PEROT. Etude expérimentale et clinique sur le thorax des pleurétiques et sur la pleurotomie, par le docteur J.-J. Perot, aide d'anotomie à la Faculté de médecine de Paris. Paris, 1876, in-8 de 153 pages. 5 fr.

PHARMACOPÉE FRANÇAISE. Voy. *Codex medicamentarius*, page 10.

PICTET. Traité de Paléontologie, ou Histoire naturelle des animaux fossiles considérés dans leurs rapports zoologiques et géologiques, par F. J. Pictet, professeur de zoologie et d'anatomie comparée à l'Académie de Genève, etc. *Deuxième édition*, corrigée et augmentée. Paris, 1853-1857. 4 volumes in-8, avec atlas de 110 planches grand in-4. . 80 fr.

PINARD. Les vices de conformation du bassin, étudiés au point de vue de la forme et des diamètres antéro-postérieurs. Recherches nouvelles de pelvimétrie et de pelvigraphie, par le docteur Ad. Pinard, ancien interne de la Maternité. Paris, 1874. In-4 de 64 pages, avec 100 planches représentant 100 bassins de grandeur naturelle. . . . . 7 fr.

— **Des contre-indications de la version dans la présentation de l'épaule** et des moyens qui peuvent remplacer cette opération. 1875 In-8 de 140 p. 3 fr.

POINCARÉ. Leçons sur la physiologie normale et pathologique du système nerveux, par le docteur Poincaré, professeur adjoint à la Faculté de médecine de Nancy. 1873-1876, 3 vol. in-8 de 500 pages avec fig. 18 fr.

Séparément le tome III : **Le système nerveux périphérique**, 1876, in-8, 604 pages avec figures. . . . . 8 fr.

PROST-LACUZON. Formulaire pathogénétique usuel, ou Guide homœopathique pour traiter soi-même les maladies. *Quatrième édition*, corrigée et augmentée. Paris, 1872. 1 vol. in-18 de xiv-582 pages. . . 6 fr.

— **Le système nerveux périphérique** au point de vue normal et pathologique. Ouvrage faisant suite aux *Leçons sur la physiologie du système nerveux*. Paris, 1876, in-8, 600 pages avec fig. . . . . 8 fr.

PROST-LACUZON et BERGER. Dictionnaire vétérinaire homœopathique ou guide homœopathique pour traiter soi-même les maladies des animaux domestiques, par J. Prost-Lacuzon et H. Berger, élève des Ecoles vétérinaires, ancien vétérinaire de l'armée. Paris, 1865, in-18 jésus de 486 pages. . . . . 4 fr. 50

PRUNIER. Théorie physique de la calorification, 1876, gr. in-8, 128 pages avec figures intercalées dans le texte. . . . . 3 fr.

QUATREFAGES. Physiologie comparée. Métamorphoses de l'Homme et des Animaux, par A. de Quatrefages, membre de l'Institut, professeur au Muséum d'histoire naturelle. Paris, 1862. In-18 de 324 p. . . 3 fr. 50

QUATREFAGES et HAMY. Les Crânes des races humaines décrits et figurés d'après les collections du Museum d'histoire naturelle de Paris, de la Société d'Anthropologie de Paris et les principales collections de la France et de l'Etranger, par A. de Quatrefages, membre de l'Institut, professeur au Museum, et Ern. Hamy, aide-naturaliste au Museum de Paris, 1873-1877. In-4 de 500 p. avec 100 pl. et fig.

L'ouvrage se publiera en 10 livraisons, chacune de 5 à 6 feuilles de texte et de 10 pl. — 5 livraisons sont en vente. — Prix de chaque livraison. . . . . 14 fr.

RACLE. Traité de Diagnostic médical. Guide clinique pour l'étude des signes caractéristiques des maladies, contenant un Précis des procédés physiques et chimiques d'exploration clinique, par le docteur V. A. Racle. *Cinquième édition*, revue et augmentée par Ch. Fernet, médecin des hôpitaux, agrégé de la Faculté et le Dr I. Straus. Paris, 1875. 1 vol. in-18 jésus, 796 pag. avec 77 fig. . . . . 7 fr.

— **De l'Alcoolisme.** Paris, 1860. In-8. . . . . 2 fr. 50

REMAK. Galvanothérapie, ou de l'application du courant galvanique constant au traitement des maladies nerveuses et musculaires par Robert Remak, professeur extraordinaire à la Faculté de médecine de l'université de Berlin. Traduit de l'allemand par le docteur A. Morpain, avec les additions de l'auteur. Paris, 1860. 1 vol. in-8 de 467 pages. . . . . . 7 fr.

RENOUARD. Lettres philosophiques et historiques sur la Médecine au XIXᵉ siècle, par le docteur P. V. Renouard. *Troisième édition*, corrigée et considérablement augmentée. Paris, 1861. In-8 de 240 p. . . . 3 fr. 50

REVEIL. Formulaire raisonné des Médicaments nouveaux et des médications nouvelles, suivi de notions sur l'aérothérapie, l'hydrothérapie, l'électrothérapie, la kinésithérapie et l'hydrologie médicale; par le docteur O. Reveil, pharmacien en chef de l'hôpital des Enfants, professeur agrégé à la Faculté de médecine et l'Ecole de pharmacie. *Deuxième édition*, revue et corrigée. Paris, 1865. 1 vol. in-18 jésus de xii-698 pages avec figures. . . . . 6 fr.

— **Annuaire pharmaceutique.** *Voy.* Annuaire, page 6.

RIBES. Traité d'Hygiène thérapeutique, ou Application des moyens de l'hygiène au traitement des maladies, par Fr. Ribes, professeur d'hygiène à la Faculté de médecine de Montpellier. Paris, 1860. 1 volume in-8 de 828 pages. . . . . 10 fr.

RICHARD. Histoire de la génération chez l'homme et chez la femme, par le docteur David Richard. 1875, 1 vol. de 350 pages, avec 8 planches gravées en taille douce et tirées en couleur. Cart. . . . . . . 12 fr.

RICHELOT. De la péritonite herniaire et de ses rapports avec l'étranglement, par L.-G. Richelot, prosecteur de la Faculté de médecine. Paris, 1874. In-8 de 88 pages. . . . . 2 fr.

— **Du tétanos.** 1875. In-8 de 147 pages. . . . . 3 fr.

RICORD. Lettres sur la Syphilis adressées à M. le rédacteur en chef de *l'Union médicale*, suivies des discours à l'Académie de médecine sur la syphilisation et la transmission des accidents secondaires, par Ph. Ricord, chirurgien de l'hôpital du Midi, avec une Introduction par Am. Latour. *Troisième édit.* Paris, 1863. 1 v. in-18 jésus de vi-558 pages. 4 fr.

RINDFLEISCH (Édouard). Traité d'histologie pathologique, traduit et annoté par le docteur F. Gross, professeur agrégé à la Faculté de médecine de Nancy. Paris, 1873. 1 vol. grand in-8 de 739 pages avec 260 figures. . . . . 14 fr.

ROBIN. Traité du microscope, comprenant son mode d'emploi, ses applications à l'étude des injections, à l'anatomie humaine et comparée, à la physiologie, à la pathologie médico-chirurgicale, à l'histoire naturelle animale et végétale et à l'économie agricole, par Ch. Robin, professeur à la Faculté de médecine, membre de l'Académie des sciences. *Troisième édition*. Paris, 1877. 1 vol. in-8 avec 380 figures, cart. . . . . 20 fr.

— **Leçons sur les humeurs** normales et morbides du corps de l'homme, professées à la Faculté de médecine de Paris. *Deuxième édition*. Paris, 1874. 1 vol. in 8 de 1008 pages avec 35 figures, cart. . . . . . 18 fr.

— **Anatomie et physiologie cellulaires**, ou des cellules animales et végétales, du protoplasma et de éléments normaux et pathologiques qui en dérivent. Paris, 1873. 1 vol. in-8 de 640 pages, avec 83 figures, cart. . . . . 16 fr.

— **Programme du cours d'Histologie.** *Deuxième édition*. Paris, 1870. 1 vol. in-8 de xl-416 pages. . . . . 6 fr.

— **Mémoire sur la rétraction, la cicatrisation et l'inflammation des vaisseaux ombilicaux** et sur le système ligamenteux qui leur succède. Paris, 1860. 1 vol. in-4 avec 5 planches lithographiées, . . . 3 fr. 50

— **Mémoire sur les modifications de la muqueuse utérine** pendant et après la grossesse. Paris, 1861. In-4, avec 5 pl. lithographiées. 4 fr. 50

— **Mémoire sur l'évolution de la notocorde**, des cavités des disques intervertébraux et de leur contenu gélatineux. Paris, 1868. 1 vol. in-4, 202 pages avec 12 planches . . . . 12 fr.

— **et LITTRÉ.** Voy. *Dictionnaire de médecine*, treizième édition, page 15.

ROBIN et VERDEIL. Traité de Chimie anatomique et physiologique normale et pathologique, ou des Principes immédiats normaux et morbides qui constituent le corps de l'homme et des mammifères, par Ch. Robin et F. Verdeil, docteur en médecine, chef des travaux chimiques à l'Institut agricole, professeur de chimie. Paris, 1853. 3 forts volumes in-8, avec atlas de 45 planches dessinées d'après nature, gravées, en partie coloriées. . . . . 36 fr.

ROCHARD. Histoire de la chirurgie française au XIXe siècle, étude historique et critique sur les progrès faits en chirurgie et dans les sciences qui s'y rapportent, depuis la suppression de l'Académie royale de chirurgie jusqu'à l'époque actuelle, par le docteur Jules Rochard, directeur du service de santé de la marine. Paris, 1875. 1 vol. in-8 de xvi-800 pages. . . . . 12 fr.

ROUSSEL. Traité de la pellagre et des pseudo-pellagres, par le docteur J.-B.-Th. Roussel. Ouvrage couronné par l'Institut de France. Paris, 1866. 1 vol. in-8 de 656 pages. . . . . 10 fr.

ROUX. De l'ostéomyélite et des amputations secondaires, d'après les observations recueillies à l'hôpital de la marine de Saint-Mandrier (Toulon, 1859) sur les blessés de l'armée d'Italie, par M. le docteur Jules Roux, directeur du service de santé de la marine à Paris. Paris, 1860. 1 vol. in-4, avec 6 planches lithographiées. . . . . 5 fr.

SAINT-VINCENT. Nouvelle médecine des familles à la ville et à la campagne, à l'usage des familles, des maisons d'éducation, des écoles communales, des curés, des sœurs hospitalières, des dames de charité et de toutes les personnes bienfaisantes qui se dévouent au soulagement des malades : remèdes sous la main, premiers soins avant l'arrivée du médecin et du chirurgien, art de soigner les malades et les convalescents, par le docteur A. C. de Saint-Vincent. *Troisième édition*. Paris, 1874. 1 vol. in-18 jésus de 451 pages avec 142 figures. Cartonné. . 3 fr. 50

SAUREL. Traité de Chirurgie navale, par L. Saurel, chirurgien de la marine, professeur agrégé à la Faculté de médecine de Montpellier, suivi d'un Résumé de leçons sur le **service chirurgical de la flotte**, par le docteur J. Rochard, directeur du service de santé de la marine à Brest Paris, 1861. In-8 de 600 pages, avec 106 figures. . . . . 8 fr.

SCHATZ. Études sur les hôpitaux sous tente, par le docteur J. Schatz, ex-chirurgien des armées des États-Unis d'Amérique. Paris, 1870, in-8 de 70 pages avec figures. . . . . 2 fr. 50

SCHIMPER. Traité de Paléontologie végétale, ou la flore du monde primitif dans ses rapports avec les formations géologiques et la flore du monde actuel, par W. P. Schimper, professeur de géologie à la Faculté des sciences et directeur du Musée d'histoire naturelle de Strasbourg. Paris, 1869-1874. 3 vol. grand in-8, avec atlas de 110 planches grand in-4. lithographiées. . . . . 150 fr.

Séparément, tome III. Paris, 1874. 1 vol. grand in-8 de 850 pages avec atlas de 20 planches. . . . . 50 fr.

SCHWABE. Pharmacopea homœopathica polyglottica, en allemand, anglais et français, par le docteur Willmar Schwabe et le docteur Alphonse Noack de Lyon. 1872. 1 vol. in-8 cart. de 250 pages. . . . . . 9 fr.

SÉDILLOT. De l'évidement sous-périosté des os. *Deuxième édition*. Paris, 1867. 1 v. in-8, 438 pages, avec 16 pl. polychromiques. . 14 fr.

— **Contributions à la chirurgie.** Paris, 1869. 2 vol. gr. in-8 de 700 pages chacun, avec figures. . . . . 24 fr.

SÉDILLOT et LEGOUEST (L.). Traité de Médecine opératoire, bandages et appareils, par Ch. Sédillot, médecin inspecteur des armées, directeur de l'École du service de santé militaire, professeur de clinique chirurgicale à la Faculté de médecine de Strasbourg, membre correspondant de l'Institut de France et L. LEGOUEST, médecin-inspecteur des armées, professeur à l'Ecole du Val-de-Grâce. *Quatrième édition.* Paris, 1870. 2 vol. grand in-8 de 650 pages chacun, avec figures intercalées dans le texte et en partie coloriées. . . . . 20 fr.

SERRES (E.). Anatomie comparée transcendante, Principes d'embryogénie, de zoogénie et de tératogénie. Paris, 1859. 1 vol. in-4 de 942 pages, avec 26 planches . . . . 16 fr.

SICHEL. Iconographie ophthalmologique, ou Description avec figures coloriées des maladies de l'organe de la vue, comprenant l'anatomie pathologique, la pathologie et la thérapeutique médico-chirurgicales, par le docteur J. SICHEL, professeur d'ophthalmologie, Paris, 1852-1859. *Ouvrage complet.* 2 vol. grand in-4 dont 1 vol. de 840 pages de texte, et 1 volume de 80 planches dessinées d'après nature, gravées et coloriées avec le plus grand soin, accompagnées d'un texte descriptif. . . . . . 172 fr. 50

Demi-reliure des deux volumes, dos de maroquin, tranche supérieure dorée. . . . . 15 fr.

Cet ouvrage est complet en 23 livraisons, dont 20 composées chacune de 28 pages de texte in-4 et de 4 planches dessinées d'après nature, gravées, imprimées en couleur, retouchées au pinceau, et 3 livraisons (17 bis, 18 bis et 20 bis de texte complémentaires). Prix de chaque livraison. . . . . 7 fr.

On peut se procurer séparément les dernières livraisons.

Le texte se compose d'une exposition théorique et pratique de la science, dans laquelle viennent se grouper les observations cliniques, mises en concordance entre elles, et dont l'ensemble formera un *Traité clinique des maladies de l'organe de la vue*, commenté et complété par une nombreuse série de figures.

Les planches sont aussi parfaites qu'il est possible ; elles offrent une fidèle image de la nature ; partout les formes, les dimensions, les teintes ont été consciencieusement observées ; elles présentent la vérité pathologique dans ses nuances les plus fines, dans ses détails les plus minutieux ; gravées par des artistes habiles, imprimées en couleur et souvent avec repère, c'est-à-dire avec une double planche, afin de mieux rendre les diverses variétés des injections vasculaires des membranes externes ; toutes les planches sont retouchées au pinceau avec le plus grand soin.

L'auteur a voulu qu'avec cet ouvrage le médecin, comparant les figures et la description, puisse reconnaître et guérir la maladie représentée lorsqu'il la rencontrera dans la pratique.

SIEBOLD. Lettres obstétricales, par E. C. J. VON SIEBOLD, professeur d'accouchements à l'Université de Gœttingue, traduit de l'allemand par le docteur MORPAIN, avec introduction et des notes, par J. A. STOLTZ, professeur d'accouchements à la Faculté de médecine de Strasbourg. Paris, 1866. In-18, 268 pages. 2 fr. 50

SIMON (LÉON). Des Maladies vénériennes et de leur traitement homœopathique, par le docteur LÉON SIMON fils. Paris, 1860. 1 vol. in-18 jésus, XII-744 pages. . . . . 6 fr.

— *Voy.* HERING.

SIMPSON. Clinique obstétricale et gynécologique, par sir James Y SIMPSON, professeur à l'Université d'Edimbourg. Traduit et annoté par G. Chantreuil, chef de clinique d'accouchements à la Faculté de médecine de Paris. 1874. 1 vol. grand in-8 de 820 p. avec fig. . . 12 fr.

SOUBEIRAN. Nouveau dictionnaire des falsifications et des altérations des aliments, des médicaments et de quelques produits employés dans les arts, l'industrie et l'économie domestique ; exposé des moyens scientifiques et pratiques d'en reconnaître le degré de pureté, l'état de conservation, de constater les fraudes dont ils sont l'objet. par J. LÉON SOUBEIRAN, professeur à l'Ecole supérieure de pharmacie de Montpellier. Paris, 1874. 1 vol. grand in-8 de 640 pages avec 218 fig. Cart. . . . . 14 fr.

SYPHILIS VACCINALE (De la). Communications à l'Académie de médecine, par MM. DEPAUL, RICORD, BLOT, JULES GUÉRIN, TROUSSEAU,

Devergie, Briquet, Gibert, Bouvier, Bousquet, suivies de mémoires sur la transmission de la syphilis par vaccination animale, par MM. A. Viennois (de Lyon), Pellizari (de Florence). Palasciano (de Naples), Phillipeaux (de Lyon), et Auzias-Turenne. Paris. 1865, in-8 de 592 pages. . . . . 6 fr.

TARDIEU. Dictionnaire d'Hygiène publique et de Salubrité, ou Répertoire de toutes les Questions relatives à la santé publique, considérées dans leurs rapports avec les Subsistances, les Épidémies, les Professions, les Établissements et institutions d'Hygiène et de Salubrité, complété par le texte des Lois, Décrets, Arrêtés, Ordonnances et Instructions qui s'y rattachent ; par Ambroise Tardieu, professeur de médecine légale à la Faculté de médecine de Paris, médecin de l'Hôtel-Dieu, président du Comité consultatif d'hygiène publique. *Deuxième édition*, considérablement augmentée. Paris , 1862. 4 forts vol. grand in-8. (Ouvrage couronné par l'Institut de France.). . . . . 32 fr.

TARDIEU (A). Étude médico-légale sur la folie. Paris, 1872. 1 vol. in-8 de xxii-610 pages avec 15 fac-simile d'écriture d'aliénésd. . 7 fr.

— **Étude médico-légale sur la pendaison, la strangulation et la suffocation.** Paris, 1870. 1 vol. in-8. xii, 352 pages avec planches . 5 fr.

— **Étude médico-légale et clinique sur l'empoisonnement** (avec la collaboration de M. Z. Roussin, pour la partie de l'expertise médico-légale relative à la recherche chimique des poisons). *Deuxième édition*. Paris, 1875. 1 vol. in-8 de 1072 pages avec 2 planches et 52 figures. . 14 fr.

— **Étude médico-légale sur les Attentats aux mœurs.** *Sixième édition*. Paris. 1873. in-8 de 224 pages, 4 planches gravées. . . 4 fr 50

— **Étude médico-légale sur l'Avortement**, suivie d'une note sur l'obligation de déclarer à l'état civil les fœtus mort-nés et d'observations et recherches pour servir à l'histoire médico-légale des grossesses fausses et simulées. 3ᵉ *édition*. Paris, 1868. In-8, viii-280 pages. . . . . . 4 fr.

— **Étude médico-légale sur l'infanticide.** Paris, 1868. 1 vol. in-8, avec 3 planches coloriées. . . . . 6 fr.

— **Question médico-légale de l'identité** dans ses rapports avec les vices de conformation des organes sexuels, contenant les souvenirs et impressions d'un individu dont le sexe avait été méconnu. *Deuxième édition*. Paris, 1874. 1 vol. in-8 de 176 pages. . . . . 3 fr.

— **Relation médico-légale de l'affaire Armand** (de Montpellier). Simulation de tentative homicide commotion cérébrale et strangulation, avec les adhésions de MM. les professeurs G. Tourdes (de Strasbourg), Ch. Rouget de Montpellier . Émile Gromier de Lyon), Sirus Pirondi (de Marseille), et Jacquemet de Montpellier . Paris. 1864, in-8 de 80 pag. 2 fr.

— **Projet de construction du nouvel Hôtel-Dieu de Paris**, Paris 1865. In-8. 44 pages. . . . . 1 fr. 25

TARDIEU (A.) et LAUGIER. Contribution à l'histoire des monstruosités, considérée au point de vue de la médecine légale, à l'occasion de l'exhibition publique du monstre pygopage Millie-Christine, par MM. A. Tardieu et M. Laugier. 1874. In-8 de 52 pages, avec 4 figures. 1 fr. 50

TEMMINCK et LAUGIER. Nouveau Recueil de planches coloriées d'Oiseaux, pour servir de suite et de complément aux planches enluminées de Buffon; par MM. Temminck, directeur du Musée de Leyde, et Meiffren-Laugier, de Paris. Ouvrage complet en 102 livr. Paris. 1822-1838. 5 vol. grand in-folio, avec 600 planches dessinées d'après nature, par Prêtre et Huet, gravées et coloriées. . . . . 1.000 fr.

Le même avec 600 planches grand in-4, figures coloriées. . . . 750 fr.

Demi-reliure, dos en maroquin, des 5 vol. grand in-fol. . . . 90 fr.

Dito des 5 vol. grand in-4. . . . . 60 fr.

Acquéreurs de cette grande et belle publication, l'une des plus importantes et l'un des ouvrages les plus parfaits pour l'étude de l'ornithologie, nous venons offrir le *Nouveau Recueil de planches coloriées d'oiseaux* en souscription en baissant le prix d'un tiers.

Chaque livraison, composée de 6 planches gravées et coloriées avec le plus grand soin, et le texte descriptif correspondant. L'ouvrage est *complet* en 102 livraisons.

Prix de la livraison in-folio, fig. coloriées, (15 fr.) . . . . 10 fr.
— gr. in-4, fig. col., (10 fr. 50) . . . . 7 fr. 50

La dernière livraison contient des tables scientifiques et méthodiques. Les personnes qui n'ont point retiré les dernières livraisons pourront se les procurer aux prix indiqués ci-dessus.

TESTE. Manuel pratique de Magnétisme animal. Exposition méthodique des procédés employés pour produire les phénomènes magnétiques et leur application à l'étude et au traitement des maladies. *Quatrième édition*, revue, corrigée et augmentée. Paris, 1853. In-12. . . . . 4 fr.

TESTE. Systématisation pratique de la Matière médicale homœopathique, par le docteur A. TESTE, ancien président de la Société de médecine homœopathique. Paris, 1853. 1 vol in-8 de 616 pages. . 8 fr.

— **Traité homœopathique des maladies aiguës et chroniques des Enfants.** *Deuxième édition*. Paris, 1856. In-18 de 420 pages. . . 4 fr. 50

— **Comment on devient homœopathe.** *Troisième édition*, Paris, 1873. 1 vol. in-18 jésus de 322 pages. . . . . 3 fr. 50

THOMPSON. Traité pratique des maladies des voies urinaires, par sir Henry THOMPSON, professeur de clinique chirurgicale et chirurgien à University College Hospital, membre correspondant de la Société de chirurgie de Paris. Traduit avec l'autorisation de l'auteur et annoté par Ed. MARTIN, Ed. LABARBAQUE et V. CAMPENON, internes des hôpitaux de Paris, membres de la Société anatomique, suivi des **Leçons cliniques sur les maladies des voies urinaires**, professées à University College Hospital, traduites et annotées par les docteurs Jude HUE et F. GIGNOUX. Paris, 1874. 1 vol. grand in-8 de 1020 pages, avec 280 figures. Cartonné. . . 20 fr.

TRIPIER (AUG.). Manuel d'électrothérapie. Exposé pratique et critique des applications médicales et chirurgicales de l'électricité. Paris, 1861. 1 vol. in-18 jésus, xii-624 pages, avec 89 figures. . . . . 6 fr.

TROUSSEAU. Clinique médicale de l'Hôtel-Dieu de Paris, par A. TROUSSEAU, professeur à la Faculté de médecine de Paris, médecin de l'Hôtel-Dieu. *Quatrième édition*, par le docteur MICHEL PETER. Paris, 1873 5 v. in-8, ensemble 2616 p., avec un portrait gravé de l'auteur. 32 fr.

Cette quatrième édition a reçu des augmentations considérables. Les sujets principaux que j'ai ajoutés à cette édition sont : les névralgies, la paralysie glosso-laryngée, l'aphasie, la rage, la cirrhose, l'ictère grave, le rhumatisme noueux, le rhumatisme cérébral, la chlorose, l'infection purulente, la phlébite utérine, la phlegmatia alba dolens, les phlegmons périhystériques, les phlegmons iliaques, les phlegmons périnéphriques, l'hématocèle rétro-utérine, l'ozène, etc., etc. (*Extrait de la préface de l'auteur.*)

TURCK. Méthode pratique de laryngoscopie, par le docteur LUDWIG TURCK, médecin en chef de l'hôpital général de Vienne (Autriche). Paris, 1861. In-8 de 80 p., avec une pl. lithographiée et 29 figures. 3 fr. 50

— **Recherches cliniques sur diverses maladies du larynx, de la trachée et du pharynx**, étudiées à l'aide du laryngoscope. Paris, 1862. In-8 de viii-100 pages. . . . . 2 fr. 50

VALETTE. Clinique chirurgicale de l'Hôtel-Dieu de Lyon, par A.-D. VALETTE, professeur de clinique chirurgicale à l'Ecole de médecine de Lyon, 1875. 1 vol. in-8 de 720 pages avec figures. . . . . 12 fr.

VALLEIX. Guide du Médecin praticien, ou Résumé général de Pathologie interne et de Thérapeutique appliquées, par le docteur F. L. I. VALLEIX, médecin de l'hôpital de la Pitié. *Cinquième édition*, entièrement refondue et contenant le résumé des travaux les plus récents, par P. Lorain, médecin des hôpitaux de Paris, professeur agrégé de la Faculté de médecine, avec le concours de médecins civils et de médecins appartenant à l'armée et à la marine. Paris, 1866. 5 volumes grand in-8 de chacun 800 pages, avec 411 figures. . . . . 50 fr.

Tome I. Fièvres, maladies pestilentielles, maladies constitutionnelles, névroses. — Tome II. Maladies des centres nerveux, maladies des voies respiratoires. — Tome III. Maladies des voies circulatoires, maladies des voies digestives. — Tome IV. Maladies des annexes des voies digestives, maladies des voies génito-urinaires. — Tome V. Maladies des femmes, maladies du tissu cellulaire, de l'appareil locomoteur, maladies de la peau, maladies des yeux et des oreilles. Intoxications par les venins, par les virus, par les poisons d'origine animale, végétale et minérale. Table générale.

VERLOT. Le Guide du Botaniste herborisant, conseils sur la récolte des plantes, la préparation des herbiers, l'exploration des stations de plantes phanérogames et cryptogames, et les herborisations aux environs de Paris, dans les Ardennes, la Bourgogne, la Provence, le Languedoc, les Pyrénées, les Alpes, l'Auvergne, les Vosges, au bord de la Manche, de l'Océan et de la Méditerranée, par M. Bernard Verlot, chef de l'École de botanique au Muséum d'histoire naturelle, avec une Introduction par M. Naudin, membre de l'Institut (Académie des sciences). Paris, 1865. In-8, 600 pages avec figures intercalées dans le texte. Cart. 5 fr. 50

VERNEAU. Le bassin dans les sexes et dans les races, par le docteur R. Verneau, préparateur d'anthropologie au Muséum d'histoire naturelle. Paris, 1875. in-8 de 156 pages, avec 16 planches. . . .?. . . . . 6 fr.

VERNEUIL. De la gravité des lésions traumatiques et des opérations chirurgicales chez les alcooliques, communications à l'Académie de médecine, par MM. Verneuil, Hardy, Gubler, Gosselin, Béhier, Richet, Chauffard et Giraldès. Paris, 1871, in-8 de 160 pages. . . . . . 3 fr.

VERNOIS. Traité pratique d'Hygiène industrielle et administrative, comprenant l'étude des établissements insalubres, dangereux et incommodes; par le docteur Maxime Vernois, membre de l'Académie de médecine. Paris, 1860. 2 vol. in-8 de chacun 700 pages. . . . . 16 fr.

— **De la Main des ouvriers et des artisans** au point de vue de l'hygiène et de la médecine légale, Paris, 1862. In-8 avec 4 pl. chromolithographiées. . . . . 3 fr. 50

— **État hygiénique des lycées de l'empire en 1867**. Paris, 1868, in-8. . . . . 2 fr. 50

VIDAL. Traité de Pathologie externe et de Médecine opératoire, avec des Résumés d'anatomie des tissus et des régions, par A. Vidal (de Cassis), chirurgien de l'hôpital du Midi, professeur agrégé à la Faculté de médecine de Paris, etc. *Cinquième édition*, par le docteur Fano, professeur agrégé de la Faculté de médecine de Paris. Paris, 1861. 5 vol. in-8, avec 761 figures. . . . . 40 fr.

VILLEMIN. Études sur la tuberculose, preuves rationnelles et expérimentales de sa spécificité et de son inoculation, par J.-A. Villemin, professeur à l'École du Val-de-Grâce. Paris, 1868. 1 vol. in-8 de 640 pages. . . . . 8 fr.

VIRCHOW. La pathologie cellulaire basée sur l'étude physiologique et pathologique des tissus, par R. Virchow, professeur à la Faculté de Berlin, médecin de la Charité, membre correspondant de l'Institut. Traduction française. *Quatrième édition*, conforme à la quatrième édition allemande, par I. Straus, chef de clinique de la Faculté de médecine. Paris, 1874. 1 vol. in-8 de xxiv-582 pages, avec 157 fig. . . . . . . 9 fr.

VOISIN (Aug.). De l'Hématocèle rétro-utérine et des Épanchements sanguins non enkystés de la cavité péritonéale du petit bassin, considérés

comme accidents de la menstruation; par le docteur Auguste Voisin, médecin de la Salpêtrière. Paris, 1860. In-8 de 368 pages, avec une planche.... . . . . 4 fr. 50
— **Le service des secours publics** à Paris et à l'étranger. Paris, 1873. In-8 de 54 pages. . . . . 1 fr. 50
— **Leçons cliniques sur les maladies mentales**, proiessées à la Salpêtrière. 1876. 1 vol. in-8 de 196 pages, avec photographies, planches lithogrrphiées et figures. . . . . 6 fr.

WATELET (A. D.). Description des plantes fossiles du bassin de Paris. Paris, 1865-1866. 2 vol. in-4 de 300 pages et de 60 planches lithographiées, cartonnés. . . . . 60 fr.

WEHENKEL. Éléments d'anatomie et de physiologie pathologiques générales, nosologie, par le docteur Wehenkell, professeur à l'Ecole de médecine vétérinaire de Cureghem. 1874. 1 vol. in-8 de 320 p. 7 fr. 50

WETTERWALD (Maurice.) Le vétérinaire du foyer ou traité des diverses maladies de nos principaux animaux domestiques. Traduit de l'allemand par J. Ducommun. Paris, 1872. In-12 de xi-196 pages. . . . . 2 fr. 50

WOILLEZ. Dictionnaire de diagnostic médical, comprenant le diagnostic raisonné de chaque maladie, leurs signes, les méthodes d'exploration et l'étude du diagnostic par organe et par région, par E.-J. Woillez, médecin de l'hôpital La Riboisière. *Deuxième édition.* Paris, 1870. In-8 de 932 pages avec figures. . . . . 16 fr.

WUNDT. Traité élémentaire de physique médicale, par le docteur Wundt, professeur à l'Université de Heidelberg, traduit avec de nombreuses additions, par le docteur Ferd. Monoyer, professeur agrégé de physique médicale à la Faculté de médecine de Nancy. Paris, 1871, 1 vol. in-8 de 704 p. avec 396 fig. y compris 1 pl. en chromolith. 12 fr.

ZIMMERMANN. Anthropologie et ethnographie. L'homme, merveilles de la nature humaine, origine de l'homme, son développement de l'état sauvage à l'état de civilisation. Nouvelle édition. Paris, 1869. In-8 de 796 pages, avec figures et planches. . . . . 10 fr.
Le même, relié, doré sur tranches, plats toile. . . . . 13 fr.

Tous les ouvrages portés dans ce Catalogue seront expédiés par la poste franco, dans les départements et en Algérie, à toute personne qui en aura envoyé le montant en un mandat sur Paris ou en timbres-poste.

EN DISTRIBUTION

CATALOGUE GÉNÉRAL

DES LIVRES DE MÉDECINE

De Chirurgie, de Pharmacie, des Sciences accessoires et de l'Art vétérinaire, français et étrangers qui se trouvent chez J.-B. Baillière et Fils. Un vol. in-8 de xlviii-400 pages. . . . . 1 fr. 50

CATALOGUE GÉNÉRAL
DES LIVRES D'HISTOIRE NATURELLE
FRANÇAIS ET ÉTRANGERS QUI SE TROUVENT CHEZ J.-B. BAILLIÈRE ET FILS

Histoire naturelle générale, 16 pages.
Géologie, Minéralogie. Paléontologie, 36 p. (Mai 1874).
Botanique, 80 pages. (Août 1872).
Zoologie, 104 pages. (1872)

Les Catalogues spéciaux seront envoyés *franco* à toute personne qui en fera la demande par lettre affranchie.

Nous publions tous les 2 mois une notice de nos nouvelles publications, et nous l'envoyons régulièrement à toute personne qui nous en fait la demande par lettre affranchie.

Pour paraître en 1876 :

TRAITÉ PRATIQUE DES MALADIES NERVEUSES, par HAMMOND, traduction française, augmentée de notes par M. LABADIE LAGRAVE. 1 vol. grand in-8 de 600 pages, avec figures.

MANIPULATIONS DE PHYSIQUE. Cours de travaux pratiques, professé à l'École de pharmacie, par M. BUIGNET, professeur à l'Ecole de pharmacie. 1 vol. in-8 de 700 pages, avec 250 figures.

CLINIQUE MÉDICALE, par le docteur GALLARD, médecin de la Pitié. 1 vol. in-8 de 650 pages, avec 50 fig.

MAHÉ. Programme de séméiotique et d'éthiologie pour l'étude des **MALADIES EXOTIQUES**, et principalement des maladies des pays chauds, par J. MAHÉ, prof. à l'École de médecine de Brest, 1876, 1 vol. in-8, 400 pages.

TRAITÉ D'HYGIÈNE NAVALE, par le docteur FONSSAGRIVES, médecin en chef de la marine, professeur à la Faculté de Montpellier. *Deuxième édition.* 1 vol. in-8 de 700 pages, avec 100 fig.

LEÇONS SUR LE DIABÈTE, par Claude BERNARD, professeur au collége de France et au muséum d'histoire naturelle, membre de l'Académie des sciences. 1 vol. in-8 de 500 pages avec fig. . . . . 7 fr.

PRÉCIS D'ANATOMIE, par BEAUNIS, professeur à la Faculté de médecine de Nancy, et BOUCHARD, professeur agrégé à la Faculté de médecine de Nancy. 1 vol. in-18 de 500 pages.

PRÉCIS D'OPÉRATIONS DE CHIRURGIE, par J. CHAUVEL, prof. agrégé à l'Ecole du Val-de-Grâce. 1 vol. in-18 jésus de 600 pages avec 300 fig.

LES SCIENCES NATURELLES ET LES PROBLÈMES QU'ELLES FONT SURGIR, sermons laïques, par Th. HUXLEY, membre de la Société royale de Londres. 1 vol. in-18 jésus de 500 pages.

ARSENAL DU DIAGNOSTIC MÉDICAL. Applications cliniques des thermomètres, des balances, des instruments d'explorations des organes respiratoires, de l'appareil cardio vasculaire, des systèmes nerveux, musculaire, locomoteur, de l'appareil digestif, des ophthalmoscopes, des speculums utérins, et des laryngoscopes, par M. JEANNEL, médecin major. 1 vol. in-8 de 200 pages avec 180 fig.

NOUVEAUX ÉLÉMENTS D'ANATOMIE PATHOLOGIQUE DESCRIPTIVE ET HISTOLOGIQUE, par J. A. LABOULBÈNE, prof. agrégé à la Faculté de médecine, médecin des hôpitaux. 1 vol. in-8 de 700 p. avec 150 fig.

TRAITÉ PRATIQUE DES MALADIES VÉNÉRIENNES, par le docteur JULLIEN, professeur agrégé de la Faculté de médecine de Nancy. 1 vol. de 700 pages avec 150 fig.

Typographie Lahure, rue de Fleurus, 9, à Paris.

www.ingramcontent.com/pod-product-compliance
Lightning Source LLC
Chambersburg PA
CBHW071259160426
43196CB00009B/1345